CE QUE JE CROIS

DU MÊME AUTEUR

ILS M'ONT DONNÉ TANT DE BONHEUR..., Desclée de
  Brouwer, 1986.
FOI SANS FRONTIÈRES, Desclée de Brouwer, 1988.
MONSEIGNEUR DES AUTRES, Le Seuil, 1989.
CHEMIN DE CROIX, Desclée de Brouwer, 1991.
LE MONDE CRIE, L'ÉGLISE MURMURE, Syros, 1991.
PAROLES SANS FRONTIÈRES, Desclée de Brouwer, 1993.
LES CRIS DU CHŒUR, Albin Michel, 1994.
L'ANNÉE DE TOUS LES DANGERS, Ramsay, 1995.
JE PRENDS LA LIBERTÉ, Flammarion, 1995.
CHERS AMIS DE PARTENIA, Albin Michel, 1995.
PAROLE D'UN HOMME D'ÉGLISE, Ramsay, 1995.
COUP DE GUEULE CONTRE L'EXCLUSION, Ramsay, 1995.

Avec Gabriel Ringlet

DIALOGUE ET LIBERTÉ DANS L'ÉGLISE, Desclée de Brouwer, 1995.

Avec Eugen Drewermann

DIALOGUE SUR LE PARVIS ENTRE UN ÉVÊQUE ET UN
  THÉOLOGIEN, Desclée de Brouwer, 1996.

JACQUES GAILLOT
Évêque de Partenia

CE QUE JE CROIS

BERNARD GRASSET
DESCLÉE DE BROUWER

Souviens-toi que c'est moi, Tayeb...

C'était l'hiver. Je venais de passer la soirée avec l'évêque d'Orléans. Il lui fallait reprendre la route. A peine la porte ouverte, nous frissonnons : tout est couvert de neige, et la rue est verglacée. La place qui s'ouvre devant nous est sinistre. C'est la nouvelle lune. Nuit noire. La lumière des lampadaires n'apparaît que tamisée, dans le brouillard.

Mon ami était arrivé très tard, à cause de l'état des routes. Pressé de me voir, il avait laissé sa voiture à la première place trouvée, mais il ne savait plus trop où.

Nous entendons des rires et des cris. Sept jeunes Maghrébins ramassent de la neige sur les capots des voitures stationnées et s'envoient des boules. La place est manifestement à eux. Pour une fois, ils peuvent en profiter. Ne vont-ils pas nous prendre pour cible ? « On se croirait en banlieue », me glisse l'évêque, peu rassuré. « Attention ! »

Il faut pourtant bien passer. Je m'avance vers le plus proche, accroupi à l'abri d'une voiture, en train de finir de rouler sa boule :

— Bravo ! Tu n'as pas peur du froid ! Tu es plein de vie !

Etonné, il lève la tête, reste un instant la bouche ouverte, et laisse tomber sa boule :

— Mais... mais, vous êtes monseigneur Gaillot ?

— C'est vrai !

Sans me répondre, il se redresse et, tout heureux, il se met à agiter les bras, en criant à ses copains : « Venez, venez, c'est monseigneur Gaillot ! » Puis, me faisant face : « C'est moi, Tayeb, qui vous ai reconnu ! »

Fierté du cri ! Il vaut toutes les présentations du monde. Je suis moi, il est lui. Nous nous serrons la main. Mais déjà le groupe, au départ devant nous, commence à nous entourer, à nous accueillir de façon démonstrative. Nous formons maintenant un cercle. Comme une chaleur soudain retrouvée.

Je leur explique la situation : nous cherchons notre voiture, à peu près dans telle direction. Pas d'hésitation de leur part : « On vous accompagne. » Et nous partons, entourés de nos nouveaux alliés, manifestement décidés à veiller sur nous.

Devant, l'évêque essaye de retrouver la route. Tayeb marche avec lui.

— Qu'est-ce que vous pensez des préservatifs ? lui demande-t-il.

L'évêque s'étonne :

— Comment ? Cela t'intéresse, ce que je pense ?

— Bien sûr ! Vous, les évêques, vous êtes des hommes de religion. Quand vous parlez, cela intéresse les autres religions.

Je suis derrière, avec le reste du groupe :

— Aujourd'hui, c'est votre fête. C'est l'Aïd El Seghir, la fin du Ramadan.

— Comment, vous savez ?

— Bien sûr ! Ce qui vous concerne me concerne aussi.

J'admire l'ouverture et la disponibilité de ces jeunes. Pourquoi faut-il que les peurs viennent si souvent tuer la rencontre possible à chaque coin de rue, au moment le plus inattendu ? Pour notre part, nous n'éprouvons plus aucune inquiétude, et par le fait même, nous retrouvons des frères. La peur bannit l'amour, et l'amour bannit la peur.

Un air de chanson me trotte dans la tête : « Nous sommes si bien ensemble... » La rue est à nous.

Mais non ! Voici quelqu'un qui passe. Chapeau enfoncé, col de pardessus remonté. Bref, l'air un peu louche. Il s'arrête, nous regarde, semble hésiter. Manifestement, il a lui-même un peu peur. Enfin il s'adresse à moi. « Je voudrais vous parler un instant, seul. » Brève hésitation de ma part. Je me sens si à l'aise, au milieu de mon groupe, et il faut de nouveau partir. Et puis il m'est parfois arrivé de me faire agonir d'injures. Mes nouveaux compagnons sont également méfiants : « Qu'est-ce qu'il peut vous vouloir... » J'acquiesce néanmoins. Pendant que je m'éloigne, les jeunes me suivent du regard. Certains tiennent encore leur boule de neige, prêts à voler à mon secours.

Je replonge dans le froid. Mais il n'y a rien à craindre. L'étranger est portugais. « Je tenais à vous dire ma sympathie et ma solidarité pour tout ce que vous faites », me déclare-t-il simplement.

Je peux rassurer mes gardes du corps : « Rien à craindre ! C'est quelqu'un qui voulait m'encourager. »

Nous avons maintenant retrouvé la voiture. Il faut nous quitter. C'est alors que Tayeb me relance son appel : « Souviens-toi que c'est moi, Tayeb, qui t'ai reconnu. »

Le cri m'a poursuivi longtemps, il me poursuit encore. Oui, je me souviens. Et je le médite.

Qui es-tu Tayeb ? Je ne connais rien de toi. Je puis cependant penser que, toi aussi, tu dois connaître la « galère », les vexations, les contrôles, du simple fait de la couleur de ta peau. La vie est dure, dans notre société. Combien de fois as-tu senti qu'aux yeux de ceux qui te regardaient, tu n'étais rien, sinon un étranger malvenu en France ? Et soudain, voilà que tu rayonnais de fierté, que, plein de joie, tu me lançais ton nom : « C'est moi, Tayeb ! »

Et cette crainte voilée : « Souviens-toi ! » Comme si tu craignais de voir ce bref instant retomber dans le néant, et toi avec. Ainsi retombe-t-on dans l'abîme, dans le puits, après avoir eu un instant l'impression de planer parmi les étoiles.

On se souvient des héros, des artistes, des écrivains célèbres, des grands hommes. On écrit des livres sur eux. On admire les traces qu'ils nous ont laissées. On aimerait les imiter. Mais pourquoi se souvenir d'un Maghrébin rencontré par hasard, un soir, dans la nuit et la neige, sinon parce qu'à travers son appel, j'entendais toute l'attente de l'homme, celle que je ressens au fond de moi-même. Un bref instant, nous avons communiqué, nous avons fait alliance, nous avons marché ensemble dans la confiance et la paix. « Chaque homme dans sa nuit », dit le titre d'un livre de Julien Green, décrivant la solitude profonde de l'homme. Mais il y a des moments où ces « chacun » peuvent se rencontrer. Car chacun cache une étoile dans son cœur. Il suffit que les barrières de la peur se brisent pour que l'étoile brille. La nuit devient alors lumière, et le froid de la solitude chaleur. Comment ne pas se souvenir de tels moments de rencontre, si fugitives soient-elles... et par là espérer? Aujourd'hui, j'écris, et c'est par ton histoire que je commence ce livre, tant elle est chargée d'appel et de sens.

Voici que je retrouve comme un écho de notre histoire : un texte écrit dans les années soixante par Olga Bergholz, écrivain soviétique. Devenue célèbre, elle reçoit des lettres de lecteurs, des gens souvent très simples, qui lui disent leur histoire. « Ce que je vous raconte pourra peut-être vous servir », lui écrit-on. A travers ces appels, elle découvre des abîmes de souffrance, de patience, mais aussi d'attente.

« A lire ces lettres, celles qui étaient des messages et celles qui étaient des confessions, je fis une découverte : s'il y a un livre de ma vie, le livre que je n'ai pas écrit encore et qui est toujours à venir, le lecteur a aussi le livre de sa vie, un livre qu'il n'a pas écrit encore, et qui est aussi à venir. De même que l'écrivain ne cesse jamais d'écrire le livre de sa vie et qu'il y rêve toujours, de même qu'à chaque œuvre entreprise il se dit : cette fois, je touche à l'essentiel, pour constater ensuite que c'est seulement une approche de l'essentiel, parce que l'essentiel, une fois de plus, s'est installé dans l'*à-venir*, tout de même le lecteur [...] cherche le livre fondamental, celui qui engloberait tout et où il retrouverait son cœur. Il l'attend. Il y voudrait voir, non pas seulement le cours superficiel des événements, non pas seulement l'apparence de son action, mais, avant tout, le plus profond, le plus secret, le plus intime, le plus véridique de son cœur. »

Ainsi chacun de nous rêve-t-il de partager son « moi » avec le monde entier. Il espère que quelqu'un pourra dire ce qu'il ne sait lui-même pas dire, ce dont il n'a parfois qu'à peine conscience, mais qui soudain émerge, parce que passe celui qui pourra parler en son nom.

Mais c'est dans le cadre d'une espèce de parabole que Olga Bergholz se fait ces réflexions. Elle l'intitule *Les étoiles de la nuit*. Adolescente, elle avait entendu raconter qu'on pouvait voir les étoiles, même le jour, en regardant au fond d'un puits. Elle se les était imaginées se reflétant dans l'eau miroitante, auréolées de rayons acérés. Elle voulait à tout prix les découvrir la première et pouvoir dire à ses compagnes : « C'est moi, c'est moi qui les ai vues la première. » Hélas, elle avait bien dû se rendre à l'évidence : au fond des puits, il n'y a pas d'étoiles.

Des décennies plus tard, Olga comprend la vérité de son rêve d'enfant. Elle s'aperçoit qu'elle est entourée d'une multitude d'autres étoiles que personne ne voit dans l'éclat du jour. Chacun, chacune porte une étoile dans son cœur. Sa propre tâche est de dire au monde la lumière qu'elle découvre dans les êtres qui l'entourent, de capter l'éclat d'une vie qui la dépasse infiniment, mais qui, sans elle, ne ferait que briller sans lendemain.

« Peut-être l'étoile du jour souffre-t-elle de demeurer invisible ? Peut-être aspire-t-elle à la lumière, non pas pour se contempler soi-même, mais afin de savoir si d'autres l'ont vue et reconnue, parce qu'elle veut aussi partager avec les autres sa lumière la plus profonde, la plus cachée, la plus secrète. »

Et elle ajoute : « Parvenue à la verticale du puits, l'étoile du jour frémit à l'idée que ce puits ne la reflétera point, qu'il ne captera pas cette lumière invisible dans ses entrailles prophétiques. »

Oui, Tayeb, je suis le puits où ton nom s'est enfoncé quand tu as crié vers moi. Tu m'as dit l'essentiel en me jetant avec fierté ce nom, qui reflète la joie de ceux qui t'ont accueilli au monde et qui t'ont nommé, que tu m'as donné pour que je te nomme à mon tour, toi et tant d'autres que je perçois dans la clarté de Dieu.

Je me trouve renvoyé à la scène que raconte l'Evangile de Marc, celle qui se déroula à Béthanie, petit village proche de Jérusalem : quelques jours plus tôt, Jésus a été triomphalement accueilli dans la cité sainte. Mais il n'en est pas moins clair qu'il court à l'échec total, définitif : ceux qui ont le pouvoir ont décidé sa perte. Il passe la soirée chez des amis. L'atmosphère est tragique. Or, inattendue, une femme vient à lui et répand un flacon de parfum précieux sur ses pieds. Scandale de ses disciples : « Quel argent gaspillé ! On aurait pu en faire profiter les pauvres. » Jésus proteste. Il y a des moments tragiques où le seul acte qui ait encore un sens, c'est l'acte gratuit. Partout, on se *souviendra* du geste de cette femme.

Et que dira Jésus lui-même, le lendemain soir, lors du dernier repas avec les siens ? Il leur tendra le pain, le vin, où il se révèle et se donne tout entier : « Vous ferez cela *en mémoire* de moi. »

Son appel au souvenir des hommes n'était-il pas aussi – et surtout – appel à Dieu, pour que *Lui* se souvienne, au dernier jour ? C'est aussi comme cela que j'entends ton appel, Tayeb. Car Lui seul peut capter et conserver dans sa profondeur l'appel de l'homme confronté au néant de l'oubli.

Je me souviens et j'espère en Dieu pour toi, Tayeb, pour tant d'autres dont ton cri est l'écho, pour *nous*; car, en cette nuit noire, nous nous sommes croisés et rencontrés, membres d'une même famille, de la grande famille humaine.

Grand-messe, rue du Dragon

Depuis un mois, j'habite dans le « squat » de la rue du Dragon.

La rue du Dragon se situe en plein cœur de Paris, près de la rue de Rennes et du boulevard Saint-Germain. Assez étroite, elle est fort passante, et elle accueille boutiques et restaurants de qualité. Jadis, c'était également là que se situait l'entrée d'une école « chic » et célèbre : le « Cours Désir », fréquenté par les jeunes filles de bon milieu, dont Simone de Beauvoir ne fut pas la moins célèbre. L'école fut vendue à une société qui la laissa plusieurs années à l'abandon, dans l'attente d'une juteuse opération financière. Tel est le bâtiment qu'occupèrent en 1994, au début de l'hiver, quelque trois cents personnes sans logis ou mal logées. Les familles, la plupart chargées d'enfants, s'installèrent dans la partie logement, les célibataires dans des bureaux, et on disposa les salles pour les associations consacrées aux exclus. Les situations des uns et des autres sont fort diverses : depuis les personnes les plus « normales » jusqu'à des drogués, des sidéens, des alcooliques, des paumés. Reflet de notre société, hormis l'exclusion. En plein cœur de Paris, ce lieu était devenu emblématique. Des personnalités connues n'hésitaient pas à venir animer des débats, souvent fort pointus, sur des sujets brûlants, le tout dans une atmosphère très populaire. Il y avait aussi des soirées « cabaret » où se pressaient de jeunes talents, chanteurs ou comédiens d'origines les plus diverses, des Corses aux Brésiliens, sans oublier les Africains.

Au bout de quelques semaines, des familles vinrent me voir et me dirent : « Il faudrait que vous nous fassiez une messe. » Pour ma part, soucieux de respecter la liberté des gens, je n'en avais pas parlé. Nous sommes à deux pas de l'église Saint-Germain-des-Prés, mais il est clair que les occupants du squat ne fréquentent guère la paroisse. Deux rues, et surtout deux types de situation, séparent deux mondes.

— D'accord pour la messe.

Où ? L'accord est vite trouvé : il y a là une salle où se réunissent chaque semaine les familles. Elle n'est pas d'aspect très brillant, et l'escalier qui y mène est plutôt crasseux. Qu'importe : on prend tout en charge, et, le matin venu, je trouverai la salle ornée de décorations. C'est un musulman qui nettoie l'escalier. Il est heureux de le faire. C'est sa façon de participer.

Une table, où prendre une table? Et les bancs? On pense voir large : une centaine de personnes. En fait, nous finirons la célébration serrés les uns contre les autres, tant il y aura affluence.

On s'affaire pour les derniers préparatifs.

Du pain, du vin. Personne n'a de vin. On s'en inquiète auprès de moi.

— Je suis comme vous, je n'ai rien.

— On va demander à Gilles. Il en a toujours.

Oui, Gilles, le clochard, avait encore un fond de bouteille en réserve.

— Du vin rouge, ça marche?

— Mais oui, c'est du vin.

— Ah, c'est vrai!

Des mots qui en disent long! Ce que nous disons « signe » s'est trouvé tellement sacralisé, que cela ne saurait plus être la réalité toute simple, celle dont un clochard vit tous les jours.

— Mais on n'a pas de calice.

Prenons un verre. Pas n'importe lequel! Smaïl va chercher le sien. C'est un beau verre. Il en est fier. Smaïl sera par la suite non moins fier de raconter partout que c'est son verre qui a servi pour dire la messe. Quelle consécration !

Il faut de la musique.

Quatre jeunes chanteurs corses de passage se proposent. Ils ont leur petit orchestre. Et ils entonnent *La fiora del partigiano* : « La fleur du partisan. » Peu liturgique, assurément, mais enthousiaste. Et tout le monde reprendra avec entrain un refrain à coup sûr plus entraînant que celui proposé par une autre « paroissienne », manifestement plus frottée d'us et coutumes ecclésiaux.

On a du retard. Mais tout semble enfin prêt. Les familles et les enfants sont devant. Derrière, appuyés contre le mur, quelques hommes fument consciencieusement leur cigarette, mais ils sont tout yeux et tout oreilles. Quelques personnes de l'extérieur se sont aussi jointes à nous : le bouche à oreille a fonctionné. Il y a même deux prêtres : une vraie messe solennelle !

Soudain, interruption : quatre Algériens arrivent. Ils m'avaient téléphoné la veille, pour une affaire « urgente ». Je leur avais donné rendez-vous, mais ils sont en avance. Je leur propose de m'attendre soit dehors, soit en assistant à la messe. Ils n'hésitent pas. Ils sont là. On se pousse, on leur fait place.

Nous sommes en Carême. L'évangile est celui de la Transfiguration : sur la montagne, les apôtres ont découvert en Jésus l'homme debout devant Dieu, l'homme dans toute sa dignité, « à l'image et à la ressemblance de Dieu », l'être de lumière, l'être que nous sommes tous appelés à devenir, celui dont nous avons le pressentiment, chaque fois que nous rencontrons des visages transfigurés par l'amour.

Dans le récit évangélique, il est dit que Jésus s'entretient avec Moïse et Elie. Cela peut paraître étrange. C'est pourtant plein de sens : Moïse qui, jadis, au nom de Dieu, a libéré son peuple de l'esclavage d'Egypte : ce jour-là avait commencé à souffler un vent de liberté, mais d'une liberté avant tout politique, encore tout extérieure. Elie qui rappela que le véritable esclavage est finalement celui du cœur, celui de l'homme qui, dans sa peur, s'incline devant les idoles de toujours : le pouvoir, l'argent, la réussite.

Sur la montagne, Jésus se révèle homme pleinement libre, homme tel que Dieu le veut. Il rend visible ce que nous avons à devenir.

Gilles, le clochard, se lève. Il a quelque chose à dire. Le texte que je viens de commenter, ça lui parle. Il s'explique : « Moi, j'ai de la chance. La liberté. Une belle vie, quand je compare avec celle des gens toujours pressés que je vois défiler devant moi. Pourtant, il y a quelque chose qui ne va pas et que je ne supporte pas : les enfants malheureux. Là, il faut faire quelque chose ! En attendant, on va prier pour eux. »

Un entrepreneur s'était glissé parmi nous. Il ne pensait sûrement pas prendre la parole. Mais Gilles lui en fournit l'occasion. « Ce que vous dites des gens pressés, c'est vrai. Mais, pour moi qui ai la responsabilité de mon entreprise, fournir du travail aux gens, ce n'est pas simple. »

Et la parole circule.

Soudain, un des quatre Algériens se lève : « Moi, je voudrais vous parler de Rabbah. C'est un étudiant de vingt-quatre ans. Nous l'aimons comme notre frère. Il a été arrêté hier par la police. Il avait négligé de faire renouveler ses papiers. On va l'expulser en Algérie. Et là-bas, il n'a plus de famille, il ne connaît personne. Nous confions Rabbah à votre prière. Nous le confions à Dieu. »

La solidarité devient tangible. Les intentions de prières se succèdent. Moment de silence. Les fumeurs ont laissé tomber la cigarette. Puis l'orchestre reprend le refrain, et tout le monde de réentonner *La fiora del partigiano*.

Je me rappelle Haïti. En 1991, le Père Aristide m'avait invité à Port-au-Prince, à l'occasion de son investiture à la présidence de la

République. Messe solennelle dans la cathédrale, bourrée d'invités. On ferme les portes. Dehors, la foule se presse sans pouvoir entrer. J'étais à l'autel avec les évêques du pays. En voyant fermer les portes, j'éprouve une sensation de gêne : quel dommage d'éliminer ainsi le peuple et de célébrer portes closes !

Cependant, la pression de la foule est telle que les portes s'ouvrent comme d'elles-mêmes.

La police arrive en renfort et tente de repousser les gens pour refermer les portes. Impossible !

Nous avons célébré toutes portes ouvertes. La rumeur de la foule résonnait sous les voûtes. La voix du peuple se faisait entendre. Nous ne pouvions plus célébrer de la même manière.

Ce jour-là, rue du Dragon, en plein cœur de Paris, je consacre le pain et le vin, toutes portes ouvertes, comme en Haïti. L'Esprit souffle : sur la table, ce pain et ce vin (de notre clochard), devenus corps et sang du Christ, annoncent déjà la transformation des réalités de ce monde, une transformation qui déborde l'autel pour gagner toute la création ; car « nous attendons des cieux nouveaux et une terre nouvelle ». Et nous partageons l'Eucharistie, le pain de vie qui nous lie les uns aux autres, et à Dieu. Enfin le mot qui envoie dans le monde : « Allez et faites de même. »

Au moment de nous séparer, un homme se lève :

— Voilà. Je travaille de nuit dans une boulangerie du quartier. Ce matin, la boulangère m'a donné du pain qui restait. J'ai plein de baguettes, et même des croissants. Prenez.

On partage, et ça parle, ça parle...

A l'autre bout de la salle, un groupe se retrouve autour des Algériens. Que faire pour aider Rabbah ? La prière appelle l'action. On se joindra au comité de soutien qui vient de se créer dans le XXe arrondissement. Il faudra un an d'efforts et d'interventions pour que « l'exilé » revienne parmi les siens. Ce jour-là, nous serons aussi de la fête.

Hiroshima, Nagasaki, Taverny...

6 août 1995. Cinquantième anniversaire des bombardements atomiques d'Hiroshima et de Nagasaki. Le M.A.N (Mouvement pour une alternative non violente) a organisé une manifestation. Un jeûne d'interpellation sur l'armement atomique se fait dans la salle des fêtes de Taverny, centre de résistance à la « Bombe ». Le lieu est symbolique : c'est à Taverny que se trouve le Poste de Commandement des forces nucléaires françaises.

Je rejoins le groupe d'une soixantaine de personnes auxquelles viennent aussi s'associer quelques non-jeûneurs : ils participent aux échanges et aux actions de sensibilisation de ces journées.

Le temps fort est incontestablement la manifestation silencieuse à l'entrée du P.C. Sous un soleil accablant, le groupe s'étire dans les rues désertes. Le trajet est pénible, alors qu'il ne dépasse guère un kilomètre.

Nous voici face aux grilles du « sanctuaire », de l'autre côté de la route, debout à l'ombre de quelques arbres. Notre présence ne provoque ni trouble ni inquiétude. Deux sentinelles veillent aussi imperturbablement qu'à l'habitude. Nous ne sommes que des « pacifistes » ; des fous peut-être, pas dangereux en tout cas. Nul ne fait attention à nous.

Nous restons là en silence, contemplant le lieu d'où peuvent à tout moment partir les ordres déclenchant la tempête atomique. Il n'y a en réalité rien à voir. Tout est sous terre, dans le « secret », celui que tout nouveau président de la République reçoit confidentiellement de son prédécesseur lors de la passation des pouvoirs. Le P.C. est à nos yeux le symbole d'un choix politique que nous contestons : celui de la folie nucléaire.

Voici l'heure de sortie du personnel : long défilé de civils, de militaires, à pied, en voiture, chacun portant son badge. Qui sont-ils ? Les rouages d'un appareil. Mais être un rouage peut donner le sentiment d'être important. A leur façon, ils sont des initiés. Ils sont les serviteurs du culte de la force. Nombre d'entre eux sont des officiers supérieurs. Ils passent devant nous, les uns superbes, les autres le regard fuyant, sans nous regarder, sans même sembler voir notre présence. Comment le pourraient-ils ? Nous sommes si dérisoires, si insignifiants. Nous n'existons pas.

« Le très peu qu'on peut faire, il faut le faire. Mais sans illusion. »

Celui qui parle ainsi est un sage, chargé d'années. Il s'appuie sur sa canne. Il a revêtu une espèce de camisole sur laquelle est écrit : « LA PRÉPARATION D'UN CRIME EST UN CRIME. » C'est Théodore Monod, l'homme qui a fréquenté les déserts.

Devant le P.C. de Taverny, il n'est pas moins ridicule que nous tous, petit David devant Goliath, le géant philistin armé de pied en cap. Sa personnalité spirituelle est immense.

Une fois de plus, en cet endroit, il me dit : « L'ère chrétienne s'est terminée le 5 août 1945. L'ère atomique a commencé le 6 août 1945. Le monde a changé d'orientation. »

Il me cite aussi le prophète Isaïe, ce haut personnage du royaume de Juda qui, huit siècles avant le Christ, à une époque où il n'était bruit que de guerre, osait affirmer la venue du temps où « on brisera les épées pour en faire des socs, et les lances pour en faire des serpes. On ne lèvera plus l'épée nation contre nation et on n'apprendra plus à faire la guerre ».

Cet homme est pour moi le visage de la non-violence. Il y a chez lui une attitude intérieure, un état d'esprit, une force qui lui viennent de l'amour. Sa manière de vivre, ses choix, ses combats me confortent sur mon propre chemin.

Je repense à mon départ en Algérie. C'était la guerre. J'avais vingt ans et quelques certitudes : il faut se défendre par tous les moyens contre l'ennemi. J'avais été déconcerté par un camarade, objecteur de conscience. Il refusait de porter les armes. On l'avait mis aux arrêts. Il était seul contre tous. Plus tard, je me suis aperçu qu'il avait raison contre tous. Il paraissait ridicule. Mais c'est lui qui m'a éveillé à la non-violence.

Aujourd'hui, j'ai la conviction qu'il y a d'autres armes que les armes, et que la guerre n'est jamais la bonne solution. Pour essayer de sortir du cycle de la violence, je participe au combat de tous ceux qui veulent éliminer de la planète les armes de destruction massive, interdire les armes chimiques et les mines antipersonnelles, et dénoncer le scandaleux commerce des armes. Nous ne pourrons casser la chaîne du surarmement en continuant à moderniser les techniques nucléaires, à fabriquer des armes de plus en plus redoutables, capables d'anéantir l'humanité. En procédant à des essais nucléaires, on reste dans cette logique de la peur, en injuriant l'avenir et en insultant la misère.

Hiroshima, Nagasaki, Taverny...

Monod me tire de ma méditation.
« Il faudrait que les religions deviennent non-violentes. Il y a une unique montagne que nous gravissons les uns et les autres de façon différente, avec l'espoir de nous retrouver tous au sommet. Tout ce qui monte converge, disait Teilhard de Chardin. » J'aime entendre redire par d'autres ces paroles qui expriment ma propre conviction.

Pacifique Sud, Mururoa. Toujours un petit groupe. En Zodiac, cette fois. A peine trente. Nous débarquons sur l'île, dans le périmètre de la zone interdite. Il n'y a toujours rien à voir : tout se tapit encore sous terre. Mais nous avons franchi la limite. Cette fois, on s'occupe de nous. On a peur. Il faut nous faire partir, sans incident diplomatique. Pourtant nous ne sommes encore qu'un petit David, face à la marine française. Ah non, plus cette fois ! Il y a les médias. L'opinion publique. On nous arrête. On nous met en garde à vue. Les gendarmes nous interrogent. Nous délivrons notre message. Il est dûment enregistré. Cette fois, on nous a vus, entendus.

Fin du même été : l'île Longue, à la pointe de la Bretagne. C'est le sanctuaire des sous-marins atomiques. Ce jour-là, nous sommes plus de dix mille. La plupart sont des jeunes. Plus question de silence : c'est la fête, la joie débordante. Le cortège se rend jusqu'à l'entrée de la base militaire, gardée par quatre escadrons de gendarmes mobiles. De son côté, la marine nationale a effectué toute la journée des patrouilles dans la rade de Brest et contrôlé toute embarcation suspecte. Dans les airs, un hélicoptère. Sur l'eau, dix militants britanniques jouent au chat et à la souris avec les gendarmes maritimes. Un seul de leurs Zodiacs parvient à passer la ligne. Il sera reconduit « fermement » hors du périmètre de sécurité.

C'est du grand jeu ? Du folklore de jeunes idéalistes ? Ils ne savent pas ! Ils n'ont pas eu l'expérience de la guerre !

« Moi qui suis âgé, je suis heureux de voir tous ces jeunes qui se battent pour la paix. La relève est assurée. »

C'est encore Théodore Monod qui parle. Lui a le droit de parler. La violence ? Il l'a rencontrée à tous les niveaux de la nature. Mais il pense que l'homme doit refuser de n'être que le reflet de la nature. Sans illusion, il sait sûrement que ces jeunes ne sont pas encore au bout du chemin intérieur qui en fera des hommes de paix. Mais ils sont en route. Il s'en réjouit sans arrière-pensée. Il vit dans la confiance, il rayonne de confiance.

Hiroshima, Nagasaki, Taverny...

Ces jeunes sont en marche pour un monde sans arme.

C'est vrai. La relève est assurée.

La bénédiction de l'ange

La place de la cathédrale de Strasbourg est éclaboussée de soleil. En cet après-midi de printemps, les touristes vont et viennent, à l'affût des plus belles prises de vue.

J'aime cet endroit. Je me sens toujours saisi par l'élan de cette cathédrale qui dispense une impression de force et de solidité, mais donne aussi le goût et le désir des choses d'en haut. Près de la célèbre horloge, je suis allé revoir la magnifique colonne des anges, et j'ai été ébloui par la beauté de ces figures qui nous appellent à grandir, à nous tourner vers le ciel.

L'attachée de presse qui m'a fait venir à Strasbourg, pour le lancement d'un livre, m'invite à prendre un café à la terrasse de la vieille brasserie. Nous échangeons nos impressions sur les gens qui passent, si divers dans leurs attitudes, quand je croise le regard d'un jeune homme qui semble me dévisager, sans doute étonné de me voir là. Je lui souris.

Comme encouragé, il se glisse entre les clients et se dirige vers nous. Arrivé à notre table, il fléchit le genou, comme pour se mettre à ma hauteur. Son visage reflète le bonheur. « Monseigneur, je suis le plus heureux des hommes, car cette nuit est né mon premier enfant. C'est une fille. Elle s'appelle Morgane. Si vous pouviez venir à la maison la bénir, ce serait merveilleux. »

Bénir !

Combien de fois ai-je eu à le faire, quand j'étais à Evreux. A la fin des cérémonies, je levais la main vers le ciel, et en la rabaissant, comme pour ramener la grâce et la vie sur la terre, je voyais des têtes s'incliner humblement. A Noël et à Pâques, lors de la procession de sortie, les parents se pressaient autour de moi pour me présenter leurs enfants. J'aime ce rite. Bénir : « bene-dicere », « dire du bien ». Certains peuvent n'y voir que geste superstitieux et vain. Et pourtant, à simple vue humaine, dire du bien de quelqu'un, n'est-ce pas l'aider à vivre ? Tant de gens meurent de n'avoir pas rencontré l'être capable de leur dire en vérité : « tu es aimé », « tu peux vivre », « tu peux être *toi* ». Tout au long de notre vie, ne sommes-nous pas en recherche de la parole qui nous donnera raison de vivre ? « Tu es aimé », c'est d'ailleurs le magnifique sens du mot « grâce ».

Mais, comme un sombre nuage venant obscurcir le soleil, je repense au récit que j'ai lu un jour. Il est d'Andrée Chedid, écrivain libano-égyptienne : dans un village, le « saint homme », le « Hadj », bénit une pauvre femme auprès de laquelle il est allé mendier une part du maigre repas préparé pour sa nombreuse progéniture. « Qu'Allah te couvre de ses bienfaits. Qu'il te bénisse et t'accorde sept autres enfants. » Sept autres enfants ? Malheur ! Et c'est la révolte : « Retire ta bénédiction ! Retire ta bénédiction ! » Et comme le vieillard s'y refuse, c'est son mari, et bientôt tout le village, qui viennent se joindre à elle pour implorer le saint homme de retirer cette bénédiction qui ne fait qu'écraser.

Malheur à ceux qui, investis de la mission de « dire du bien », se laissent griser par ce pouvoir et se donnent le droit de déterminer ce que doit être la vie des gens. Leur bénédiction se retourne en malédiction. Elle est déjà malédiction, puisqu'elle prétend à un pouvoir de l'homme sur l'homme, au nom de Dieu.

Mais le nuage disparaît. Aujourd'hui, ici, à Strasbourg, tout est vie, autour de l'enfant désiré, aimé.

Cet homme rayonne de joie. Il veut la faire partager, et j'en suis saisi. Mais ne serait-ce pas à lui de me bénir, lui qui vient de découvrir l'élan de bonheur d'un être renouvelé de devenir *père*. Il voit soudain le monde dans une lumière nouvelle. Il participe à la bonté créatrice. Vu dans l'espace et le temps, ou même à la mesure de la cathédrale qui nous surplombe, un homme, ce n'est rien ! Mais cet homme à genoux devant moi est soudain grand. Pourquoi aurait-il besoin de moi et de ma bénédiction ?

Je pense à une rencontre dans le métro. C'était le matin. J'étais assis et regardais les visages graves et fermés de mes voisins. Chacun, chacune, portait son secret. Soudain à un arrêt, un grand Noir se leva et se dirigea vers moi : « Que Dieu vous bénisse ! » Et il me tendit la main avant de descendre.

Quelques personnes, manifestement surprises, sortirent de leur apathie. L'une d'elles me dit : « Il mélange les rôles, celui-là. Ce serait plutôt à vous de le bénir. » Je lui répliquai : « Moi je trouve ça formidable. » De fait, ma journée se déroula sous le signe de cette bénédiction.

Mais ici, c'est moi qui suis appelé à bénir ! Ce jeune homme me demande d'être l'ange auquel je songeais tout à l'heure. Je suis appelé à l'entraîner dans un jaillissement qui le dépasse et qui me dépasse. Voici que je suis signe. Et par là, je donne une dimension nouvelle à son bonheur. Je l'enrichis de Dieu, du Dieu qui ouvre les portes de la vie.

Oui, j'irai chez lui, je bénirai son enfant, sa famille. Je dirai les paroles d'espérance et de paix qui jalonneront sa route.

— Tu habites loin d'ici ?

— A pied, dix minutes.

Je me tourne, le regard suppliant, vers l'attachée de presse qui a tout pouvoir sur l'horaire. Mais elle tranche :

— Non ! Il est temps de partir à la conférence.

Je cherche à tout prix une solution.

— Si ce n'est pas possible maintenant, je pourrais peut-être m'échapper après la conférence ?

— Non. Nous aurons juste le temps de reprendre le train.

Voyant mon trouble, le jeune homme se porte à mon secours :

— Si vous ne pouvez pas venir chez moi, écrivez la bénédiction à Morgane sur une feuille de papier. Votre parole suffira.

En entendant ces mots, je suis rempli d'admiration. Je ne connais pas le nom de cet homme, j'ignore tout de sa vie, mais quelle confiance ! Quelle foi ! Son attitude me rappelle celle de cet officier romain qui était venu trouver Jésus :

— Mon enfant est gravement malade.

Jésus lui dit :

— Je vais aller le guérir.

— Non, lui répond l'officier, ne te dérange pas. Ne te donne pas la peine de venir chez moi. Dis une parole et mon enfant sera guéri.

— Va, que tout se passe selon ta foi.

Et l'enfant fut guéri sur l'heure, conclut l'Evangile.

Cet homme aurait aimé me voir entrer chez lui, poser la main sur Morgane. Mais la simple trace de ma parole lui suffit. Elle efface le temps en le transcendant. Demain, peut-être aidera-t-elle sa fille aux heures difficiles ? Quand on se sent seul, il est si bon de se rappeler que quelqu'un vous a béni. Mais ici, je ne puis que m'en remettre à Dieu.

Sur la feuille blanche que me tend le père, ma plume court. Qu'ai-je précisément écrit ? Je ne le sais plus.

— Merci pour cette bénédiction. J'en suis si heureux. Pour moi, elle vient de Dieu.

Et il est reparti, lui, inconnu rencontré sur ma route, père d'une enfant que je ne verrai jamais.

Je sais que la bénédiction que j'ai donnée ce jour-là revient aussi sur moi. Ce jeune homme, lui aussi, m'a parlé de Dieu, de la joie du père qui voit s'épanouir son enfant. C'est une joie que je ne connais pas sous cette forme. Mais, d'en être témoin est source d'émerveillement.

Est-ce moi qui ai écrit cette bénédiction, ou l'ange de la cathédrale qui sonne de la trompette pour annoncer la vie ? Nous étions soulevés dans un même élan. Nous étions transportés dans une même lumière.

Ma vie est à réinventer

A plusieurs reprises, une femme avait téléphoné rue du Dragon pour me rencontrer. Conscient de ma surcharge de travail, Mehdi, jeune Algérien, avait tenté de faire barrage. Elle était revenue à la charge : il s'agissait manifestement de quelque chose de grave et, de guerre lasse, on avait fini par me transmettre le message, en insistant même pour que je la voie, et qu'on n'en parle plus.

Rendez-vous est pris un jour, en fin de matinée.

La démarche m'intrigue. Venir rue du Dragon est une aventure redoutable : il faut non seulement franchir les lourds vantaux de métal à peine entrebâillés, montrer patte blanche à un gardien parfois peu amène, passer par une entrée bourrée de vieilleries, se heurter à des inconnus aux têtes « surprenantes », puis traverser des cours aux murs tagués des dragons de l'Apocalypse, s'enfoncer dans des escaliers et des couloirs sinistres, enfin, trouver la bonne porte, car rien n'indique où j'habite.

On frappe. C'est elle.

Je me trouve en face d'une personne au visage profondément empreint de tristesse.

Elle commence par s'excuser :

— Je vous dérange. Evidemment, j'aurais pu aller frapper autre part. Mais si c'est pour entendre le genre de discours habituel, ça ne m'intéresse pas. Je le connais par cœur.

Elle continue avec hésitation.

— Vous avez entendu parler de ce terrible attentat, à la station de métro Saint-Michel. Ma fille se trouvait là par hasard. Elle a été tuée sur le coup. Depuis, tout a basculé. Je suis complètement perdue. Je suis venue vous demander si vous, Jacques Gaillot, vous croyez qu'après la mort il y a quelque chose.

Cette question, je l'ai entendue maintes et maintes fois. Je m'y suis heurté moi-même, sans jamais m'y habituer. Elle est nouvelle chaque fois, car toute personne est unique. J'ai lu ce que disait Simone de Beauvoir, ancienne élève de ces lieux : « Il n'y a pas de mort naturelle : rien de ce qui arrive à l'homme n'est jamais naturel. [...] Tous les hommes sont mortels, mais pour chaque homme la mort est un accident et, même s'il la connaît et y consent, une violence indue[1]. » Elle conclut au vide. Moi, non.

Quelques semaines plus tôt, ma mère était morte. Je me rappelais son dernier dialogue avec ma sœur et moi. Elle savait qu'elle allait mourir et prenait congé de nous en nous tenant la main. J'avais alors repris une expression que j'avais un jour entendue dans sa bouche : « Tu vas passer sur l'autre rive ; tu vas retrouver ceux que tu aimes, ton mari, tes sœurs... — Et la cousine Aline », ajouta-t-elle. Et nous nous étions sentis heureux, rassemblés déjà. Ceux qui vont mourir peuvent nous apprendre à vivre.

— Oui, je crois qu'après la mort, il y a quelque chose. Pour moi, la vie ne s'arrête pas. La mort n'est qu'un passage.

— Vous croyez que ma fille vit, aujourd'hui ?

— Oui, je le crois. La vie n'est pas détruite. Elle est transformée... Nous sommes faits pour être des vivants, à jamais.

Je me suis arrêté un instant. Dire tout cela, c'est méditer, c'est dire ses « actes de foi et d'espérance ».

— Dieu n'est pas le Dieu des morts ; il est le Dieu des vivants... Pour moi, ce que nous appelons la « communion des saints » a beaucoup

---

1. S. de Beauvoir, *Une mort très douce*, NRF, p. 157.

d'importance : je me sais relié à tous ceux qui m'ont précédé... Dans cette communion, ils demeurent vivants. Le lien de l'amour subsiste... C'est une longue chaîne entre la terre et le ciel. Nul ne saurait la rompre.

Je n'avais employé que des termes généraux, finalement. Mais j'avais parlé de toute la force de ma conviction. Je l'ai vue se détendre. Elle était soulagée.

De la rue de Rennes montait le bruit de la circulation. Mais nous en étions loin, comme branchés sur une autre fréquence.

— J'aimerais croire, comme vous, reprit-elle au bout d'un moment. Mais je ne suis pas croyante. Bien sûr, j'ai été baptisée. J'ai quelquefois essayé de prier ; mais je ne sais pas. Dans mon désespoir, je me surprends à parler à Dieu. Mais est-ce bien à lui que je m'adresse ?

— Je parle aussi dans la prière, comme dans une conversation. Ce matin, avant votre arrivée, j'ai parlé à Dieu, à la manière d'un enfant : « Donne-moi d'être proche de ceux que je vais rencontrer aujourd'hui. Que l'amour qui vient de toi touche leur cœur. » Voyez, sans même vous connaître, je vous avais déjà confiée à Dieu. Prier, pour moi, c'est m'ouvrir à l'avenir, et cela me fait vivre autrement le présent.

— Ma fille, elle, vivait avec intensité le moment présent. Et moi, je ne vis plus ; je n'ai plus de goût à rien. J'ai le sentiment d'être entrée dans la mort. Je travaille parce qu'il le faut bien. A la maison, avec mon mari et mon autre fille, nous ne parlons plus de ce drame. C'est tabou, alors que c'est la seule chose qui compte. Nous avons peur. Nous nous fuyons presque. Nous nous jouons la comédie.

Elle me tendit le bras : on avait retrouvé la montre de sa fille, et elle l'avait prise en place de la sienne, comme si, à travers ce simple objet, la vie pouvait repartir.

— Je voudrais vivre comme elle. Mais je ne peux pas.

J'étais bouleversé. Son accent de vérité était tel ! Par tout son être, elle aspirait à vivre, mais son désir n'arrivait pas à *prendre corps*. Elle m'appelait comme d'un tombeau. Comment l'aider à en sortir ?

— Vous reconnaissez en elle ce que vous voudriez vivre. Ne pensez-vous pas qu'elle vous y appelle ?

— Ma vie est à réinventer.

Ces mots me poursuivront comme une musique intérieure. Et j'en retrouverai brusquement l'écho dans un texte de Maria Le Hardouin, femme de lettres jadis célèbre. Incroyante, elle rappelle tout ce qui l'écarte de la foi, mais elle dit aussi sa soif de vivre. Elle ajoute :

« Plus que jamais je vais répétant que les hommes n'existent pas. C'est comme si j'affirmais qu'il n'y a pas d'objet dans cette chambre, simplement parce qu'il fait nuit et que l'obscurité m'empêche de les voir. Tous les hommes sont présents pourtant dans le monde, mais sans lumière je ne puis les apercevoir. L'amour est cette lumière qui me révélerait les êtres et les choses.[...] »

« J'ai parlé de la foi que je ne possède pas, de la joie que je ne connais pas ; et de l'amour, du véritable amour qui, pourtant, m'est impossible. »

« Je porte ceci à ma décharge, je porte ceci à mon seul honneur, qu'à défaut d'une croyance en Dieu, et en dépit de cette sécheresse de cœur qui approfondit les ténèbres autour de moi, toujours, au son de certaines musiques, j'ai senti venir à ma rencontre, du fond de l'avenir, " quelque chose " d'inexorablement grand auquel je n'échapperai pas[2]. »

Ce « quelque chose » nous permet de repartir, de nous ouvrir à ce qui nous dépasse. Oui, la vie est à réinventer !

---

2. Maria Le Hardouin, *Recherche d'une éternité*, Buchet-Chastel, p. 223-225.

Je n'avais rien à ajouter. Mais nous ne pouvions nous quitter ainsi. D'un commun accord, nous sommes partis déjeuner ensemble. Elle n'avait plus tellement besoin de parler. Je la regardais manger. J'avais plaisir à la voir reprendre des forces pour la route.

Puis nous nous sommes séparés. Je la vis se fondre dans la foule.

Je me retrouvais seul. Seul dans la foule, moi aussi. Elle m'avait laissé un fardeau à porter. Je m'en sentais accablé. Je n'avais pas le courage de reprendre mon travail tout de suite. Je marchais un peu au hasard. Je me surpris à entrer dans l'église Saint-Germain-des-Prés. Je m'agenouillai dans le chœur et me mis à prier : « Seigneur, cette femme que tu aimes est dans le désarroi. Guéris sa blessure, donne-lui la force de réinventer sa vie. »

Quelques mois plus tard, à l'occasion des fêtes, sur une magnifique carte de « Noël », sûrement choisie avec soin, elle m'écrivit ces simples mots : « Je reprends goût à la vie. »

Et si nous nous taisons...

Ce jour-là, 28 mai 1996, à Paris, devant la place du Trocadéro, ce fut un immense cri. Le parvis des droits de l'Homme était noir de monde. Pas un murmure ne s'élevait de la foule. Aucun mot d'ordre, aucun discours ne venait briser un silence qui rassemblait et rapprochait, soutenu par la quatrième symphonie de Mahler. Le silence est aussi une parole. Quand toute une foule garde le silence, quelle force de protestation !

Ceux qui criaient étaient infiniment divers, chacun avec sa langue, chacun avec sa religion. Mais tous ne faisaient qu'un. C'était le cri de l'*Homme*, un cri d'horreur et de refus, mais aussi d'appel et d'espérance : non à la haine et à la violence, oui à la tolérance et au respect de l'autre.

Les sept moines trappistes de Tibéhirine, assassinés en Algérie, s'étaient voués au silence. Pourquoi donc faisaient-ils peur? Il est vrai que, dans ce pays, leur silence parlait déjà haut. Et un jour, il s'était mué en protestation. Ils avaient osé crier quand quatorze ouvriers et techniciens croates, installés sur un chantier à un kilomètre du monastère, avaient été sauvagement assassinés : « Si nous nous taisons, les pierres de l'oued hurleront. » Paroles explosives qui avaient touché la population algérienne. Impact inouï de ces mots qui sont inscrits ce soir sur deux gigantesques banderoles blanches, de chaque côté du parvis des droits de l'Homme.

Et maintenant, au milieu de cette foule, soulevé par la musique de Mahler, je rends grâce pour le formidable témoignage de nos sept frères de l'Atlas, quatre-vingts ans après celui du frère Charles de Foucauld. Je me prends à murmurer les paroles bouleversantes d'Augustin, évêque d'Algérie il y a 1 500 ans.

« Prends pitié de moi, Seigneur, car j'ai crié tout le jour [1] »
Non pas un jour, mais tout le jour, c'est-à-dire tout le
* temps.*
Depuis le moment où le corps du Christ a gémi, écrasé de
* souffrance, jusqu'à la fin du monde qui verra cesser cet*
* écrasement,*
l'homme gémit et crie devant Dieu.
Et chacun de nous a sa part dans ce cri de tout le corps.
Tu as crié, toi, durant ces jours

---

1. Commentaires de saint Augustin sur le psaume 86, 3.

et les jours ont passé.
Un autre vient à son tour
et il a crié durant ses jours.
Toi ici, lui là, lui ailleurs.
Le corps du Christ crie tout le jour, ses membres ayant leur
  mort et leur tour.
Un seul homme perdure, jusqu'à la fin du monde,
mais ce sont pourtant les membres du Christ qui crient ;
et il en est qui déjà reposent en lui,
il en est qui à l'instant crient,
il en est qui crieront lorsque nous-mêmes reposerons,
et après ces cris viendront d'autres cris. »

Ce jour-là, comment n'aurais-je pas pris part au cri ?

J'étais venu seul et me trouvais perdu dans la foule. Mais je savais que partout il y avait des amis. J'étais en particulier sûr que Larbi, le Dr Larbi Kechat, mon ami et mon frère, viendrait crier avec moi.

Je n'espérais pas pouvoir le rencontrer, car je tenais à rester dans l'anonymat, simple voix parmi d'autres voix. De petite taille, comment pourrais-je même l'apercevoir ?

Je me mêle à la foule. Des gens portent une fleur. Je n'en ai pas. Un Noir s'approche de moi, me sourit, me tend sa rose. Il fait beau et bon, ce soir de printemps, et cette fleur m'apporte la senteur de la fraternité.

Et soudain, j'aperçois Larbi. Nous nous retrouvons, plus frères que jamais, là au milieu de tous.

— J'espérais tant te voir, me dit-il. C'est Dieu qui nous fait nous rencontrer. J'étais sûr que tu viendrais.

Et c'est avec notre histoire commune que nous apportons notre pierre à la communauté humaine qui s'affirme ce soir. Une pierre qui crie.

J'avais fait sa connaissance il y a bien des années, à une session sur la rencontre des religions. Il y avait témoigné de sa foi. C'est au cours de ces échanges en vérité sur ce qui faisait le fond de notre vie que notre amitié s'était nouée. Comment oublier celui avec lequel on a pu un jour parler cœur à cœur ?

Nous nous étions souvent revus, ne ratant jamais une occasion de nous inviter quand c'était possible. Je m'étais moi-même rendu à plusieurs reprises à la mosquée Adawa dont il était devenu l'imam. J'avais partagé avec lui et sa communauté le repas de fête marquant la fin du Ramadan.

Quelle n'avait pas été ma stupeur d'apprendre un jour qu'on venait de l'arrêter et de le mettre en résidence surveillée à Folembray ! Le ministre de l'Intérieur de l'époque avait décidé une vaste rafle pour démanteler les réseaux islamistes. Pour faire bonne mesure, sans doute en guise d'avertissement à la communauté musulmane tout entière, peut-être aussi pour satisfaire l'opinion publique en faisant preuve de force et d'audace, il avait fait arrêter Larbi. Lui, Larbi, l'homme de la Paix et de la Rencontre. Quelle peur incarnait-il? J'avais évidemment refusé de croire ce qu'on en racontait. Déjà, il me fallait crier. J'avais obtenu de lui rendre visite. Après notre fraternelle accolade, autour de laquelle les médias firent quelque bruit, nous nous étions quittés. Depuis, il avait été totalement blanchi, mais en catimini. Quand un gouvernement ne croit qu'à la force pour régler les conflits, comment accepter de revenir en arrière en laissant penser qu'on a pu se tromper?

Après ses vingt-deux jours de détention, et encore assigné à résidence à Paris, il expliqua lui-même comment il avait ressenti son arrestation :

« Comme une sorte de viol d'un espace et d'une personne sacrée. Comme une humiliation pour toute une communauté. Je suis en France, en situation régulière, depuis vingt ans. Etre ainsi séparé des siens, injustement, être piétiné moralement, c'est comme si s'effondraient en moi toutes les connaissances, les valeurs que j'avais retenues de l'école française. [...] Je tire de cette affaire une leçon : le temps du non-dialogue est révolu[2]. »

—————

2. Déclaration au *Monde*, le 2 septembre 1994.

Le 1ᵉʳ mai suivant, à la fin d'une manifestation du Front national, des jeunes avaient
noyé Brahim, un Marocain de vingt ans, en le
jetant dans la Seine. Sa compagne était venue
me trouver en me demandant de faire un of-
fice en mémoire de lui. J'avais volontiers accepté, mais en lui faisant remarquer que Brahim était musulman; il serait donc normal
d'inviter un imam. Ce fut naturellement Larbi.
Ainsi avions-nous prié ensemble, avec une
centaine de personnes qui s'étaient jointes à
nous.

En ce 28 mai de l'année suivante, nous nous
retrouvions, une fois encore, au bord de
l'horreur. En venant là, sur le parvis des droits
de l'Homme, lui qui avait vécu « comme un
tremblement de terre », ainsi qu'il l'avait ex-
pliqué au journal *le Monde*[3], il savait bien
pourquoi il criait. Le témoignage qu'il portait
rejoignait celui du prieur de Tibéhirine dans
son testament spirituel : « J'aimerais que ma
communauté, mon Eglise, ma famille, se sou-
viennent que ma vie était donnée à Dieu et à
ce pays.[...] Qu'ils sachent associer cette mort
à tant d'autres, aussi violentes, laissées dans
l'indifférence de l'anonymat. Ma vie n'a pas

---

3. *Ibid.*

plus de prix qu'une autre. Elle n'en a pas moins non plus. »

Il y a des morts, même absurdes, qui prennent un sens immense, quand elles viennent clore une vie déjà pleine de sens. Tel était bien le cas de celles des sept moines. Ils avaient depuis longtemps fait le sacrifice de leur vie, au nom même de tous les anonymes qu'on tue dans la nuit, musulmans ou chrétiens, humains.

Il se trouve aussi que ce massacre avait été perpétré au nom de Dieu, au nom de l'Absolu.

C'est aussi au nom de cet Absolu que nous criions ce jour-là, Larbi et moi.

Ce n'est pas la violence qui gagnera : j'ai acquis cette conviction pendant la guerre d'Algérie. La violence peut l'emporter momentanément, mais la répression ne fait que multiplier la peur, elle ne résout jamais rien. Ces actes de barbarie ne peuvent que hâter la prise de conscience du peuple algérien. De plus en plus, dans ce pays, tout un peuple pris en otage réclame la paix. Au premier rang, des femmes, au rôle irremplaçable. Elles osent sortir et prendre la parole.

Je crois aussi profondément qu'en France un Islam minoritaire doit essayer de se penser comme minoritaire. Nous, catholiques, commençons tout juste à le faire, parfois douloureusement. La laïcité est une chance à saisir, pour l'Islam comme pour nous ; nous avons à nous y aider...

Mais voici que le cri se déplace. Il traverse la Méditerranée. Du parvis des droits de l'Homme, il se répercute, deux mois plus tard, dans la cathédrale d'Oran. On enterrait Mgr Claverie, tué avec son jeune chauffeur par l'explosion d'une bombe, alors qu'ils rentraient d'Alger.

Nous étions amis. Je l'avais revu quelques semaines plus tôt, à Bastia, à l'occasion d'un colloque interculturel des pays méditerranéens. Nous avions pris le temps d'échanger tous les deux. Je garde en mémoire ses dernières paroles au moment de nous quitter. « J'ai la conviction qu'en ce moment, en Algérie, quelque chose de neuf est en train de naître. Je ne sais pas comment... » C'était un espoir.

Et ce 5 août, je suis là, devant son cercueil. Au milieu des fleurs, on a posé son portrait, son sourire. Sur le côté, la photo de Mohammed, son jeune chauffeur, lui aussi souriant. Pierre, le nom de l'apôtre. Mohammed, le nom du prophète. Tous deux réunis dans la mort, sang mêlé, semence de vie. Un évêque à la parole claire et courageuse. Un jeune Algé rien, symbole de tant d'anonymes bâillonnés, assassinés. Pierre, mon ami, mon frère, qui a tant fait pour le rapprochement des cultures et des religions. Mohammed, qui représente toute une jeunesse algérienne avide de paix et de justice.

C'est vrai, Pierre Claverie avait raison : quelque chose est en train de naître. Autour du cercueil, musulmans et chrétiens, le peuple algérien, crient ensemble vers Dieu. Leur prière est celle du poverello, François d'Assise :

Quand domine la haine, que nous annoncions l'amour.
Quand blesse l'offense, que nous offrions le pardon.
Quand sévit la discorde, que nous bâtissions la paix.
Quand s'installe l'erreur, que nous proclamions la vérité.
Quand paralyse le doute, que nous réveillions la foi.
Quand pèse la détresse, que nous ranimions l'espérance.
Quand s'épaississent les ténèbres, que nous apportions la
 lumière.
Quand règne la tristesse, que nous libérions la joie.

Puisse ce cri lancé vers le ciel, cet appel à Dieu lancé par un peuple, ouvrir les chemins de l'avenir.

Ali

En ce temps-là, j'habitais encore le squat de la rue du Dragon.

L'organisation des lieux n'allait pas sans poser de nombreux problèmes. En particulier celui de la garde des locaux. Durant la journée, beaucoup d'occupants du squat partaient à leur travail, les enfants allaient à l'école, mais il n'y en avait pas moins un va-et-vient considérable. Il fallait en assurer la sécurité. De jour comme de nuit, même quand les portes étaient fermées, des gardes se relayaient. Pour entrer, il fallait montrer patte blanche.

Nombre de gens cherchaient à me rencontrer. J'étais rarement là. Le gardien devait expliquer, expliquer sans fin. Devant l'insistance de certains, en principe pour me protéger, mais sans doute aussi pour se simplifier la tâche, l'un d'eux avait fini par trouver une formule magique : « Monseigneur Gaillot est parti pour Rome. » D'avoir entendu cette nouvelle sensationnelle, encore ignorée du grand public, le visiteur avait tout au moins l'impression de n'avoir pas perdu totalement son temps, et même d'être privilégié de savoir ce que personne ne savait encore.

Un soir, rentrant très tard, je trouve à la porte un jeune debout. En dépit du froid, il ne porte qu'un simple pull-over.

— Tu attends quelqu'un ?

— Non.

— Tu n'as pas froid ?

— Un peu.

— Tu ne vas pas rester là toute la nuit ?

Il hausse les épaules :

— Je suis venu cet après-midi pour voir si je pouvais coucher là. On m'a répondu que ce n'était pas un hôtel. Comme je ne sais pas où aller, je suis resté.

Je sens, dans sa voix, une absence totale d'espoir. Il est là. C'est tout. Aucune réclamation, aucune agressivité. Il existe, mais pour personne. Il est simplement de trop. Une petite bulle qui vient crever la surface de l'eau avant de crever elle-même.

— Tu ne peux pas rester là. Il fait trop froid. Viens, on va s'arranger.

Ce soir-là, curieusement, il n'y a pas de garde. J'avais ma clef. Je le fais entrer. En montant avec lui au quatrième étage, j'apprends qu'il se nomme Ali. Nous frappons à la porte de Martin, qui a toujours une solution en poche.

— Tu n'aurais pas un matelas pour Ali?

— J'ai déjà cinq personnes ici. Je peux trouver un sixième matelas. On va s'arranger, ce sera bien plein.

Il trouve non seulement un matelas, mais des draps.

— Tu dois avoir faim, Ali?

— Oui.

On lui trouve quelque chose à manger.

Ali est algérien. Il a vingt ans. Le visage ouvert. Il nous remercie chaleureusement.

Chaque jour, je m'inquiète de lui. On m'assure qu'il va bien, et qu'il a même un petit boulot dans la restauration. Mais je n'ai pas l'occasion de le revoir.

Une semaine plus tard, je rentre une fois encore très tard. Il est près de minuit. Du bout de la rue, j'aperçois des voitures de police devant l'immeuble et, de loin encore, j'entends une discussion violente, des cris, la voix d'un des gardiens de nuit. Je hâte le pas : « Qu'est-ce qui se passe encore ! Pourvu qu'il n'y ait pas eu d'histoire ! On n'a pas besoin de cela. »

Le gardien s'explique :

— Il a voulu entrer et je l'en ai empêché. Il n'est pas sur la liste. Ici, c'est pas un hôtel, qu'est-ce qu'il croit? Quand il a voulu entrer, on s'est bagarrés, alors j'ai appelé la police et j'ai porté plainte!

Un policier s'approche de moi :

— Monseigneur, il y a dans la voiture quelqu'un qui dit vous connaître.

Je me dirige vers la voiture. A l'arrière, en me penchant, je découvre un jeune, menottes aux mains.

— Vous me reconnaissez? C'est vous qui m'avez accueilli. C'est moi, Ali.

— Ali! C'est toi? Qu'est-ce que tu fais là?

Je demande à l'officier de police de le faire sortir. On l'extrait de la voiture, menottes toujours aux mains. Il a un gnon à l'œil.

— Oui, je le connais. C'est moi qui l'ai fait entrer ici. Retirez-lui les menottes.

L'officier me répond :

— Pour cela, il faut que celui qui nous a appelés retire sa plainte.

Je reviens vers le gardien de nuit, et là j'éclate :

— Comment? Ici, on t'a accueilli! Et maintenant, c'est toi qui oses porter plainte contre Ali?

Devant ma colère, il accepte de retirer sa plainte.

Le commissaire de police fait enlever les menottes. Puis, avec une espèce de pitié, il me fait la remarque :

— Ils ne savent même pas s'accueillir entre eux. Quel dommage ! Je ne comprends pas.

La police s'en va. Le gardien s'éclipse. Je me retrouve seul avec Ali.

— Viens, Ali. Maintenant, tu peux rentrer.

— Non, je ne veux plus coucher ici. J'ai été humilié, j'ai été méprisé.

Devant sa détermination, je me sens à la fois désarmé et plein d'admiration. Je finis par lui mettre la main sur l'épaule.

— Viens quand même prendre tes affaires.

Il me suit. Nous remontons au quatrième. Il met ses quelques objets de toilette dans un sac en plastique.

— J'ai de la peine de te voir partir comme ça.

Il se met à pleurer, comme un gamin. Il met la tête sur mon épaule, et il sanglote.

— Je n'ai personne dans la vie, personne. Je pensais qu'ici j'avais trouvé une petite place. Tout a bien marché pendant huit jours. Mais même là, je n'existe pas. On est méprisé.

Nous redescendons dans le silence. A la porte, je lui donne l'argent qui me reste en poche. Il résiste, puis finit par le prendre. Il me dit simplement :

— J'espère qu'un jour on se reverra.

Il m'a embrassé. Puis il est parti dans la nuit. Je ne l'ai pas revu.

En feuilletant *La légende de la vie*, le livre d'Albert Jacquard, l'ami au côté duquel j'ai si souvent lutté en faveur des exclus, je tombe sur la reproduction qu'il y donne d'un tableau de Van Gogh, *La ronde des prisonniers* : une étroite cour qui tient plutôt du puits, tant la hauteur des murs l'écrase ; pas le plus petit coin de ciel. On peut soupçonner un peu de soleil, car les pierres du haut s'éclairent, tandis que celles d'en bas sont d'un sinistre vert bouteille. A mi-hauteur, quelques petites ouvertures qui tiennent plutôt du guichet. La ronde des prisonniers tourne. Tous ont la tête baissée, sauf l'un d'eux qui, en passant en avant-plan, semble regarder d'un air un peu étonné le peintre. Ils n'ont pas de visage. Dans un coin, trois hommes. Deux d'entre eux, en chapeau haut-de-forme, devisent, sans se préoccuper le moins du monde de ce qui se passe : ils sont d'ailleurs. Le troisième, sanglé dans son uniforme, regarde les pieds des prisonniers qui passent devant lui, le regard couché. L'atmosphère est oppressante. On n'attend rien, on n'espère rien, on tourne en suivant l'autre.

C'est Van Gogh lui-même qui écrivait à son frère Théo : « Les hommes sont souvent dans l'impossibilité de rien faire, prisonniers dans je ne sais quelle cage horrible. Il y a aussi la délivrance, la délivrance tardive. Une réputation gâtée à tort ou à raison, la gêne, la fatalité des circonstances, cela fait des prisonniers. On ne saurait toujours dire ce qui enferme, ce qui mure, ce qui semble enterrer, mais on sent pourtant je ne sais quelles barres, quelles grilles, quels murs.[...] Et puis on se demande : mon Dieu, est-ce pour longtemps ? Est-ce pour toujours, pour l'éternité ? Sais-tu ce qui fait disparaître la prison, c'est toute affection profonde, sérieuse. Etre frères, aimer, cela ouvre la prison par puissance souveraine, par charme très puissant. Mais celui qui n'a pas cela demeure dans la mort. »

Ali, jeune de vingt ans, écrasé, totalement impuissant devant son destin. Un instant, il a relevé la tête. Mais il lui a fallu rejoindre la ronde. Quand je l'ai rencontré pour la première fois, son désespoir était muet, comme engourdi. Est-ce une chance, pour lui, de s'être un court moment éveillé à l'espérance, si limitée fût-elle ? L'espoir d'un instant peut-il suffire pour ranimer le feu, là où la braise semble s'éteindre ? Ou fera-t-il retomber celle-ci en cendres, plus défaite encore d'avoir un instant brûlé ? Il demandait pourtant à vivre, car il a pu pleurer.

Mon cerbère ? Désespoir encore plus intense, peut-être, tant il est replié sur lui-même. Quel qu'ait été son passé, il est effrayant de voir à quel point il se refuse à relever un tant soit peu la tête pour regarder son semblable. Prisonnier, il enferme. Esclave, il se fait dominateur. Il a sa niche. Il se refuse à toute autre chose.

Et cet officier de police? Dans ma vie présente, je ne me trouve guère du côté des « forces de l'ordre »! Mais lui, qui est-il? Je peux penser qu'il a choisi son métier avec un certain idéal : faire marcher la société, fût-ce par la force. De quelles désillusions doit souvent être marqué son travail? Dans sa remarque, quel regret, faut-il dire même quel désespoir! Nous nous trouvions soudain comme en connivence, pour constater l'immense gâchis, la misère sans fond de l'homme. C'est à désespérer!

Me faut-il donc désespérer? J'ai vu le regard d'Ali se lever vers moi, comme le prisonnier de Van Gogh, et j'ai senti se fendre le masque durci par lequel il se protégeait. Je l'ai senti pleurer sur mon épaule. Mais il m'a fallu le laisser s'enfoncer dans la nuit. Pourra-t-il sortir du puits? Toute mon affection n'a pu compenser son sentiment de détresse d'avoir été méprisé.

Je me retrouve seul, et j'ai du mal à m'endormir. Où va dormir Ali? Je me surprends à prier. C'est ma façon de dire que je continue à croire en l'homme, en l'homme à naître. Je vis de cette espérance.

Seigneur, prends pitié! Que ta lumière vienne éclairer ce fond de puits où se débat Ali.

Dans une petite ville de Bretagne, un ami m'attendait à la gare. Pour regagner la côte, où nous devions passer quelques jours à travailler, il lui fallait un taxi. Il entra donc dans un café en appeler un. Je l'y suivis. La salle était à peu près vide. Seuls quatre hommes y étaient attablés, en train de jouer aux cartes tout en buvant une bière.

Mon entrée provoqua l'étonnement. J'entendis chuchoter. Je saisis quelques mots.

— C'est lui.

— Mais non, ce n'est pas possible, qu'est-ce qu'*il* ferait là ?

L'un d'eux m'interpella :

— Vous êtes bien l'évêque ? Gaillot ?

— Oui, effectivement.

— Je vous l'avais bien dit ! s'exclama triomphalement un grand Noir. Mais qu'est-ce que vous faites ici ?

— On attend un taxi.

— Moi, j'ai un taxi, je peux vous conduire.

Je déclinai poliment l'invitation :

— Merci. Celui qui m'emmène s'en occupe. Il est en train de téléphoner.

Mon interlocuteur était manifestement déçu.

C'est à ce moment que son portable sonna.

Mon ami avait appelé le taximan chez lui, mais s'était entendu répondre qu'il était en ville, qu'il fallait l'appeler sur son portable. C'était lui qui sonnait.

Le Noir se leva d'un bond, l'air presque égaré. Réalisant que le coup de téléphone lui arrivait de la cabine située à quelques mètres, il se précipita vers mon ami en balbutiant : « C'est moi ! C'est moi qui vais conduire monseigneur Gaillot ? C'est incroyable. »

De tels instants ne laissent que des images fugitives en mémoire. Il aurait fallu pouvoir fixer sur la pellicule ce moment manifestement capital pour cet homme. Non pas les détails, qui restent secondaires : la table, les verres, les cartes tombées sur la table. Mais la surprise, le mouvement, l'élan, le corps qui se jette en avant.

Par la suite, je repenserai à un tableau du Caravage : *L'appel de Lévi*, le publicain, le douanier que Jésus invita un jour à le suivre, et qui devint saint Matthieu l'Evangéliste.

Le décor du peintre renvoie certes à un tout

autre monde que le nôtre : une salle basse et sombre, sans doute à l'image des tripots du XVIIe siècle, et peut-être aussi de la cahute de douanier où l'on peut se figurer Lévi assis avec des amis, attendant le voyageur à pressurer. Lévi se présente de dos. Sur sa droite, au fond, Jésus lui fait signe. Le peintre le saisit au moment où il tourne la tête, présentant de profil un visage marqué par la stupeur. Il se lève en hâte ; la jambe droite, tendue, qui vient de renverser le tabouret, traduit magnifiquement la façon dont il se jette en avant, arqué, comme arraché à la tranquillité où demeurent encore ses compagnons. Sa figure apparaît soudain dans la lumière. L'avenir s'ouvre. Il ne sait pas encore lequel. Mais le simple fait de se trouver *appelé*, lui que la bonne société, la société religieuse, méprise comme un collaborateur de l'occupant romain, change toutes les données de sa vie. Le regard de Jésus suffit même à changer ce qu'il pensait de lui-même.

Bien sûr, il n'est pas question d'idéaliser notre rencontre et d'en faire le point de départ d'une « vocation » de mon chauffeur de taxi : il n'a rien d'un Lévi. Dans l'Evangile, ce Noir ferait plutôt partie de la foule des anonymes que l'on voit en toile de fond dans certaines fêtes autour de Jésus, les amis de Lévi par exemple. Ils sont comme happés dans une action qui les dépasse, mais qui, à certains moments privilégiés, donne du poids à leur vie.

Nous sommes maintenant montés dans son taxi. Nous sommes *chez lui*, en quelque sorte livrés à lui. Nous nous laissons conduire. Il est un peu fébrile, au point d'en oublier de mettre en route son compteur. Quand il s'en apercevra, au terme du voyage, il lancera un prix fantaisiste avant de le baisser immédiatement de moitié.

Et, pendant tout le trajet, il parle, il parle. Il raconte sa vie. Faut-il dire qu'il se confesse? Oui, si l'on entend par là une parole qui jaillit en vérité, le regard que l'on peut jeter sur sa propre vie en présence d'un autre en qui l'on a toute confiance.

Il crie d'abord sa joie!

— Demain, c'est la communion de mon gamin. Alors, vous conduire, c'est formidable. Quel cadeau pour lui! Quand je lui dirai que c'est moi qui vous ai conduit, il ne me croira pas. Et mes copains! C'est pas croyable!

Fierté de celui qui, à cause d'une rencontre, se sent exister autrement, devant les autres, devant son fils.

Nous apprenons qu'il suit les émissions de télé où il sait que je dois paraître. En fait, il nous parle surtout de *Frou-Frou*.

« Frou-Frou! » Cette émission dont tant de

chrétiens se sont scandalisés au point que, dans certains milieux bien-pensants, on y a vu la cause de ma déposition du diocèse d'Evreux.

J'avais effectivement accepté d'y intervenir, de me mêler à un groupe de femmes discutant, de façon que certains disent « légère », de problèmes qui leur tenaient à cœur. L'émission comportait une « mise à l'épreuve » de l'invité, chaque fois nouvelle et inattendue. Comme on était à l'approche de la fête de Pâques, on me mit devant un mur, avec un panier de bombes à couleur à mes pieds, et on m'invita à « taguer » :

— Dites-nous avec ça ce qu'est la fête de Pâques, pour vous.

Pâques, pour moi ! Je fus un peu suffoqué, clignai des yeux comme ébloui devant un éclat de soleil, et l'idée suivit : le soleil ! Peu habitué aux « nouvelles techniques », je taguai tant bien que mal mon soleil, avec des rayons fusant dans tous les sens. Christine Bravo, l'animatrice, me demanda :

— Pourquoi une marguerite ?

Je dus donc m'expliquer.

— Mais c'est un soleil ! C'est le soleil de la vie. Dieu est un soleil. Il fait briller sa lumière sur les bons comme sur les méchants. Nous sommes tous enfants de Dieu. (Et je pensai secrètement à elle, qui n'avait pas compris mon dessin).

Et mon taximan (un bon, lui! Il a compris) de m'expliquer :

— Quand vous avez dit ça, cela m'a touché. Moi, vous savez, je ne vais plus souvent à l'église. Mais votre dessin m'a touché. J'ai besoin de soleil, j'aime la lumière. Dire Dieu comme ça, ça me parle.

Et de raconter sa vie. Son départ de chez lui, sa venue à Paris, avec l'espoir de trouver du travail; ses difficultés, les premières années... Et je n'ai pas besoin de beaucoup d'explications pour m'imaginer sa situation : être noir à Paris, même si l'on est citoyen français, quel problème! Les portes claquent devant vous. On fait de vous un suspect.

— C'est alors que j'ai rencontré ma Bretonne, reprend-il. Nous avons vécu un an dans le péché.

— Un an dans le péché... C'est comme cela qu'on dit, à la Martinique? lui demandai-je en souriant.

— Oui, répond-il simplement, sans plus de commentaire.

Que pense-t-il? Qu'est-ce que ce mot peut évoquer pour lui? Apparemment, il ne semble guère lui attribuer de sens. C'est un qualificatif extérieur à sa vie, plaqué. L'important, c'est de vivre, et il a répondu à l'appel de la vie.

Amour, engagement, prise en charge de l'autre ? Oui, il l'a découvert, peu à peu. Il a épousé sa Bretonne. Il a quitté les siens, son père, sa mère, pour s'attacher à elle. Et ils ont eu un enfant, un fils : Cédric ! L'avenir ouvert !

Quand il en parle, je le sens tremblant de fierté.

— Etant donné ton expérience, qu'est-ce que tu aurais à dire à un homme d'Eglise comme moi ? As-tu un souhait ?

— Je ne sais pas. Je n'ai pas l'habitude qu'on me demande mon avis.

Il hésite un instant, puis reprend :

— J'aimerais qu'on nous comprenne mieux. Qu'on soit plus proche de nous. Je n'ai pas l'impression que ce que je dis les intéresse vraiment. On a notre vie. Elle est dure. Je me dis parfois que l'Eglise n'est pas faite pour des gens comme moi. Ce qu'on nous raconte, c'est si loin.

Un peu marri pour les confrères, je tente de rattraper les choses :

— Mais demain, pour ton fils, ce n'est pas le cas !

— Ah demain, c'est le grand jour. C'est la fête. Nous n'avons que Cédric, et il fait sa communion. On a besoin de fêtes, de rites, sinon on n'a plus rien à quoi se raccrocher. A la

Martinique, on avait ça, au moins. La religion, ça donne des points de repère, des rites, du sens. Pour mon fils, j'y tiens. Demain, la fête sera belle. Mais c'est vrai qu'ici, je suis souvent déçu.

— Tu ne trouves pas dans l'auberge tout ce que le menu annonçait?

Un rire martiniquais remplit la voiture.

— Le menu ne décevra pas.

— De t'entendre parler ainsi, on en rêve, de cette fête.

Tout ce qu'il dit là me frappe. Il me parle repas, mais aussi de rites. Le rite touche les fibres profondes de l'âme, intègre dans un courant de vie, dans une tradition. Encore faut-il que celui qui y recourt soit un vivant. Dans ce taxi, je sens cette vie qui monte. Voilà ce qui rendra belle la célébration de demain. C'est un tout. Il n'est de sacrement sans parole en vérité.

Que nous sommes bien, dans cette auto, à échanger ainsi. Nous sommes comme des frères. Tout en nous laissant conduire, par notre simple présence, par notre dialogue, nous aidons cet homme à relire sa vie, à la voir sous un nouveau jour. Je me dis en moi-même qu'à travers les tâtonnements, impasses, rencontres, nouveaux départs, il fait sa découverte de Dieu, du Dieu qui rassemble dans la grande fête.

Mais voilà la mer. A l'horizon, l'île des Ebihens, Saint-Malo ! Nous sommes arrivés. Notre Martiniquais voudrait un petit mot pour son fils. Je le lui donne volontiers. Et demain, j'appellerai directement Cédric au téléphone. A ma façon, je tiens à être présent à la fête.

Enterrement à Saint-Germain-des-Prés

Dany est mort. Il avait quarante ans.

Quelques-uns de ses amis viennent me dire leur tristesse. Ils me montrent une photo de lui. Je l'ai peut-être vu dans le quartier, mais je ne m'en souviens pas. Mes visiteurs me demandent de les aider. « On ne peut pas le laisser disparaître comme ça. Il faut une cérémonie. »

Dany faisait la cloche dans le quartier de Saint-Germain-des-Prés. A en entendre parler, je m'en fais quelque idée. Personne ne savait rien de son passé. Il n'avait aucune famille. Mais il suffisait de le voir pour sentir sa souffrance : il avait plein d'amis, et ce n'en était pas moins un homme désespéré. Il aurait voulu quelqu'un qui l'aime, qui le supporte, qui l'accepte tel qu'il était. Bien sûr, il buvait, et il lui arrivait d'être violent. Parfois il se « défonçait » carrément. Ses copains disaient qu'il avait fait de l'hôpital Laennec sa résidence secondaire. Mais cette « épave » savait aussi être tendre, en particulier avec les enfants. C'est à travers eux qu'il avait peu à peu trouvé sa place parmi les adultes. On lui glissait volontiers la pièce. Quand il avait des sous, c'était lui qui invitait à boire. Dans la conversation, il émettait quelques sorties pleines de bon sens. Il aimait la vie, en dépit de tout. A sa manière, c'était un sage.

Un jour, il avait bien fallu l'emmener à nouveau à l'hôpital. Cette fois, il allait mourir. Dans le quartier, cela s'était su. Ses copains s'en soucièrent. Après sa mort, l'assistante sociale qui le suivait prit la décision de le faire incinérer. Elle garda les cendres chez elle et fit prévenir ses amis. C'est alors que ceux-ci firent appel à moi.

Que faire ? Où ? Quelqu'un suggère la chapelle de l'hôpital Laennec, puisque Dany était devenu un habitué de la maison. Je n'y connais personne, mais ils se chargent eux-mêmes des démarches. Le jour venu, c'est dans cette magnifique église du XVIIIe siècle, ignorée du grand public, bien qu'à deux pas du Bon Marché, que nous nous retrouvâmes.

C'était en décembre 1995, l'année de la grande grève. Tout Paris était à pied. Mais le réseau du bouche à oreille avait bien fonctionné. Certains n'avaient pas hésité à venir de très loin, de la gare de l'Est, mais nous étions toutefois moins nombreux que prévu : une bonne quinzaine, hommes et femmes.

Un rayon du beau soleil d'hiver tombait droit sur l'autel. Nous y avions posé l'urne. Appuyée sur elle, une grande photo de Dany prise à son insu, un jour de Noël. De chaque côté, deux cierges allumés, flammes de vie. Derrière, la croix.

Nous étions saisis par la beauté du lieu. Au pied de l'autel, nous formions un cercle.

J'invite chacun et chacune à parler de Dany :

— Qui était-il, pour vous ? Comment l'avez-vous connu ? En quoi vous a-t-il marqués ?

Et la parole circule, Michèle, Martin, et les autres...

— Dany était très secret. Il n'avait personne. Il aimait bien venir chez moi.

— Ma mère l'adorait. Mes enfants aussi. Il les faisait rire. Avec eux, il était comme un gamin.

— Quelquefois, il me faisait peur. Il donnait l'impression d'être en danger permanent.

— Ma dernière conversation avec lui remonte à quelques mois. Je lui avais téléphoné à la maison de repos où on l'avait envoyé. Il me disait compter beaucoup sur moi à son retour.

Ainsi, par touches successives, nous découvrons l'homme dont la photo nous sourit sur l'autel. En vérité, nul ne le connaît vraiment, et son mystère ne fait même que s'épaissir. Mais c'est dans cette distance que nous entrevoyons son caractère unique. Nous retrouvons *l'homme*, dans sa solitude et sa grandeur. Nous le réinvestissons de sa dignité.

C'est à mon tour de parler.

— Sur Dany même, je n'ai rien à ajouter, mais, à partir de ce que j'ai entendu de vous, je puis évoquer la dignité qui nous appartient, à chacun.

« Je ne sais pas si vous êtes croyants, si vous êtes chrétiens. Mais j'ai un texte à vous proposer, un passage de la Bible qui me touche beaucoup : les *Béatitudes*.

Et dans le silence, j'égrène les paroles qui résonnèrent jadis sur une montagne de Galilée : « Bienheureux les pauvres, car le Royaume des cieux est à eux... Bienheureux les doux... Bienheureux ceux qui ont faim et soif de justice... »

Avaient-ils déjà entendu ce message, si paradoxal ? Je ne sais pas. Quoi qu'il en soit, ce jour-là, il était neuf, et sa densité était telle qu'il n'avait pas besoin de longs commentaires : je rappelai simplement que Dany était un pauvre, mais que, en dépit des apparences, ses amis avaient perçu combien il était en attente, ouvert et grand. Et, à travers ces ré-flexions sur un clochard, chacun se retrouvait face à lui-même, face à son histoire, face à Dieu aussi, sans doute.

Puis nous avons prié. Pour Dany. Pour des absents, dont ceux qui étaient là ont évoqué les difficultés. Pour nous aussi.

— Pour moi. C'est mon anniversaire aujourd'hui, ajoute Martin.

Et l'anniversaire prenait un sens nouveau ; il devenait comme jalon dans son histoire.

Je les invitai alors à monter à l'autel et à faire sur l'urne le geste qui leur semblerait parlant.

Et dans le grand silence, religieusement, chacun est allé poser les mains sur l'urne, comme pour ressaisir cette vie et la faire monter vers Dieu.

Religieusement, oui. En ce moment, nous étions *reliés*. *Reliés* à la terre, dans sa fragilité : « nés de la poussière et retournant à la poussière » ; les pieds dans la glèbe et le front dans les étoiles ; *reliés* au cosmos, dont nous ne sommes qu'une brève émergence, lueur de conscience un instant soulevée par l'Esprit ; *reliés* à la communauté humaine, dont nous ne sommes qu'un fragment, mais un fragment chaque fois unique ; *reliés* au passé, tournés vers le futur, pris dans une histoire. *Reliés* à Dieu.

Par cette procession, où chacun étendait les

mains sur l'urne, nous reconstituions la communauté humaine, celle qui permet à l'individu de naître à lui-même et de vivre. Nous reformions le berceau qui accueille, la tente qui abrite, la voûte du ciel dont le sein maternel n'est qu'un symbole. A sa naissance, Dany avait-il vu les visages de ses parents se pencher vers lui pour lui sourire, pour l'éveiller à l'amour? Quel manque profond traduisaient sa nostalgie, sa fuite d'une réalité quotidienne trop écrasante? Ce jour-là, en lui imposant les mains, nous le protégions, nous chassions ses peurs, nous l'appelions à renaître, enfin. Sur sa photo, Dany nous sourit. Il nous entend. Il s'épanouit, comme saisi dans le mouvement de la croix toute proche.

Car la croix, c'est le signe de l'homme en plénitude, de l'homme debout, les bras étendus, prenant sa pleine mesure dans toutes ses dimensions. C'est bien parce que Jésus l'avait compris ainsi qu'il en était devenu insupportable, et qu'on l'a fixé dessus.

Ainsi, devenant signes, nos gestes s'intégraient dans une immense liturgie aux dimensions du monde, aux sons d'une musique qui nous mettait au diapason.

Nous avons réuni quelques pièces pour acheter des fleurs.

Puis, nous serrant les uns contre les autres,

pour éviter de dévoiler notre secret à la foule, nous sommes partis avec l'urne, vers le square de l'église Saint-Germain-des-Prés. Nous allions lentement, car l'un de nous était handicapé et marchait avec des béquilles.

Nous avions prévu de répandre les cendres dans le petit jardin attenant à l'église. Il était midi. Nous avons envoyé un éclaireur voir comment réaliser l'opération sans attirer l'attention... et les ennuis. Il vient nous rendre compte : il n'y a que quelques personnes assises sur des bancs. Il a repéré le bon endroit. Allons-y.

Pendant que deux d'entre nous vont répandre les cendres au pied des buissons, le groupe, resté dans la rue, se presse contre la grille pour tout voir. Puis, deux par deux, procession recueillie, mais inaperçue des passants, nous allons jeter nos fleurs. Adieu, Dany !

Nous nous sommes retrouvés sur le trottoir.

— Quand je mourrai, j'aimerais qu'on fasse une cérémonie comme ça pour moi, dit Michel.

— En attendant, je vous invite à boire un coup, enchaîna Martin.

Et d'un commun accord, tous les quinze, nous avons pris d'assaut le café d'en face.

Et nous avons parlé... parlé, parlé de nous, de la vie, de la mort.

— Dany doit être content !

Nous l'étions, nous aussi. Nous avons trinqué, nous réinsérant ainsi sans y penser dans la longue tradition des repas funéraires, signes de la vie plus forte que la mort.

Le lendemain, je repassai par hasard devant le square, avec un ami. Il y avait là le pierrot habituel, totalement fardé et vêtu de blanc, figurant une statue de plâtre rigide. En me voyant, la statue se mit soudain à cligner des yeux, et, rompant l'immobilité qui constituait pourtant son gagne-pain, d'un geste discret par-dessus l'épaule, elle me désigna le petit jardinet derrière la clôture. Et son visage de plâtre se fendit d'un sourire de connivence. C'était là ! Nul besoin de plaque funéraire.

La vie continue.

Là où est ton trésor...

Un matin, quelques jeunes vinrent me voir. Ils s'étaient mis en tête de se donner du travail. Las de se voir toujours refuser une embauche, ils avaient décidé de réaliser leur rêve : faire parler des gens connus et réaliser une collection vidéo sur la « quête spirituelle ». Ils ont des compétences audiovisuelles et espèrent bien vendre leur produit. « Faites-le, et cela se fera », avait dit l'abbé Godin, fondateur de la Jeunesse Ouvrière Chrétienne, la JOC. Ils font.

Ils me précisent leurs visées :

— Nous cherchons des témoins porteurs de valeurs, montrant qu'il est possible d'en vivre. Des témoins dont l'existence délivre du sens. Nous les voulons très différents. Dans notre vidéo, on n'imposera rien. C'est à chacun de trouver son chemin.

Ils me précisent leur propre situation : les uns sont des « chrétiens sans Eglise ». Ils s'y sentent étrangers. Ils n'éprouvent vis-à-vis d'elle aucune agressivité : ils se situent simplement ailleurs, sans complexe, dans un espace de liberté où leur foi peut respirer.

Les autres se disent carrément sans religion : mais il leur arrive de prier, et même de croire en Dieu et à l'existence de l'au-delà.

Ils ne veulent surtout pas d'une institution qui posséderait la vérité, détiendrait le monopole du sens et prescrirait des normes. Croire ce qu'on ressent, c'est un peu leur credo. L'important, c'est ce qui vient d'eux-mêmes. Ils aspirent au bonheur ici et maintenant, et entendent être cohérents avec leurs élans personnels. Ils veulent être bien dans leur corps, en harmonie avec les autres, avec la nature. Toutes les religions ne sont-elles pas faites pour transformer la vie, montrer que l'humain et le divin se côtoient, qu'il y a une harmonie dans le tout créé ?

Il est clair que l'aventure dans laquelle ces jeunes se lancent avec enthousiasme n'est pas que professionnelle. Elle les concerne directement. A travers la nécessité de gagner leur vie, ils sont en recherche d'un trésor.

J'admire l'esprit dans lequel ils viennent m'interviewer sur ma manière de vivre, d'aimer et de croire. Je sens à quel point leurs questions sont l'écho de leur propre recherche intérieure. « Là où est ton trésor, là est ton cœur », dit Jésus dans l'Evangile.

Comment ne pas évoquer deux rencontres récentes en Autriche. Dans des contextes différents, je découvrais la même inquiétude profonde, la même quête du trésor.

J'avais été invité par un jeune couple à l'origine d'une pétition qui est depuis devenue célèbre. Lassés de l'inertie et des contradictions de l'Eglise, ils avaient écrit une « requête » qui avait circulé. A leur grande surprise, l'écho avait été immense, au point que leur pétition s'étend désormais à plusieurs pays et réunit des millions de signatures. Autour d'eux, je découvris avec émerveillement la vitalité chrétienne de nombreux groupes. « Nous sommes aussi l'Eglise », se sont mis à clamer les gens, jeunes pour la plupart, et ils l'ont bien fait voir.

Eux se voulaient chrétiens en Eglise. Ils avaient conscience de disposer d'un trésor. Mais ils pensaient qu'on l'avait enterré. Ils entendaient bien le restaurer et le mettre à la disposition de tous.

Pour le visiteur qui ne fait que passer au Tyrol, tout dans ce haut lieu du tourisme respire la paix et l'abondance. Au milieu de son cirque de montagnes, Innsbruck semble protégé des atteintes de la pollution de notre monde moderne. Le grand ciel, les cimes nuageuses, l'eau...! Quelle respiration dans la nature! Les Tyroliens en sont d'ailleurs fiers et font tout pour préserver ce trésor.

Profitant de mon passage, trois personnes, représentatives du milieu culturel et religieux de leur pays, viennent me parler du prochain colloque, « Eglise, culture et société » auquel je dois prendre part à l'abbaye de Stams. C'est de cette abbaye cistercienne que, au cours des siècles, sont parties nombre d'impulsions déterminantes pour l'histoire du pays.

Au cours du repas dans une de ces sympathiques « Gasthaus » de la vieille ville, mes hôtes me font une extraordinaire analyse de la situation spirituelle du Tyrol, écho des brûlants problèmes de l'Eglise dans notre société moderne.

Oui, nous sommes dans un pays traditionnel; et l'un d'eux me résume en quelques traits marquants son histoire la plus récente. C'est de Trente, ville du Tyrol méridional, site du célèbre concile du XVIe siècle, que partit la « Contre-Réforme » qui conféra sa marque à notre Eglise moderne : il réorganisa la vie de l'Eglise, et en particulier notre système ecclésiastique, qui prit par la suite forme de tradition immuable. Tout l'art du pays, le style baroque des églises reflète ce qui était à l'époque élan de renouveau.

C'est aussi sur cette terre de l'Empire germanique que s'affirma avec le plus de force la résistance aux « Lumières », à la philosophie moderne qui prétendait délivrer l'homme des ténèbres de l'obscurantisme en « l'éclairant » par la pure raison. C'est dans ce pays encore que naquit au XVIIIe siècle l'opposition au « despotisme éclairé » de Joseph II. Cela se traduisit aussi à la fin du siècle par le rejet violent de tout ce qui était lié à la Révolution française, avec sa prétention d'apporter au monde le culte de la raison : fort à l'abri de ses montagnes et de la puissance de sa cohésion spirituelle, le pays réussit à chasser l'occupant napoléonien...

Et mon interlocuteur d'évoquer ces fêtes du pays, où les *Vereine*, société de chasseurs ou de randonneurs, chorales... se donnent rendez-vous, chacun exhibant avec fierté costumes et insignes traditionnels autour des autorités locales et de leurs évêques, dans une apparente unanimité. Culture, nation, Eglise, forment un tout.

Signe fort expressif de cette réalité : il y a deux cents ans, le pays passa solennellement un « pacte » avec le Sacré-Cœur.

— Le « Sacré-Cœur », c'est une force. Mais vous, en France, vous savez aussi quelles ambiguïtés il peut couvrir, forces politiques, courants réactionnaires les plus divers. Sans compter des Vendéens qui, comme nous, refusèrent la Révolution qui leur enlevait leurs prêtres, vous avez eu des responsables politiques de Vichy, et aujourd'hui des intégristes et les adeptes catholiques du Front National.

« Oui, nous avons gardé la tradition. C'est une chance. Mais nous avons refusé la modernité en identifiant Eglise, culture et société. D'où le drame, dans notre Tyrol autrichien, mais aussi italien, puisque culturellement tout ce pays ne fait qu'un.

« Aujourd'hui, nous aimerions rester entre nous, préserver notre trésor. Mais le tourisme, un de nos atouts, nous oblige à l'ouverture. Obligés de faire appel à une main-d'œuvre étrangère à bon marché, nous nous heurtons au problème de l'immigration. Dans notre tradition, rien ne nous y prépare, surtout quand il s'agit de musulmans, de tsiganes. Nous devons leur faire une place, et nous ne savons pas comment faire.

— Qu'attendez-vous de moi?

Long silence de mon interlocuteur. Il semble se recueillir, les yeux presque clos. Et soudain :

— Que vous nous aidiez à parler, y compris sur les sujets tabous.

Choc : c'est en effet un de mes soucis. Je me réjouis quand je vois des chrétiens prendre la parole. Libérer la parole! Libérer les forces vives qui finissent par s'assoupir, par s'éteindre même, quand la tradition, devenue habitude, devient comme une croûte qui recouvre tout. Une société, une Eglise jadis née d'un élan de l'esprit, sont retombées dans l'inertie, et personne n'est plus en état de s'exprimer en vérité, tant la structure s'est substituée aux personnes.

Oui, c'est clair, ce pays a besoin de parler, de briser la façade d'une fausse unanimité. S'il n'arrive pas à libérer les forces vives, il éclatera dans la violence.

— Vous avez dit que votre résistance à la modernité présentait une chance. Laquelle ?

Mon hôte semble plus que jamais se concentrer. Je le sens même ému. Et, presque avec timidité, comme pour m'avouer un précieux secret qu'on ne livre pas à n'importe qui, il laisse tomber un simple mot :

— Le cœur.

Puis il se met à commenter :

— Chez nous, le côté cœur a toujours existé : dans la culture, dans la religion, dans le social. Ici, ce n'est pas un désert : les fleurs peuvent y pousser.

Le cœur ! Le trésor !

Oui, c'est vrai, le côté cœur a trop souvent perdu sa place, dans notre monde dominé par la rationalité technique, économique. Notre religion elle-même s'est trop souvent réduite à un moralisme desséchant, à un fonctionnement technocratique. Alors nos sacrements ne sont plus signes et n'ouvrent plus au sens. Nous avons perdu nos racines, nos symboles, l'art, la beauté.

D'où la réaction avec la fête du Sacré-Cœur, qui donne tout son sens et sa place au côté cœur. A une époque de désert, où nous nous étions coupés des grandes sources spirituelles, en nous laissant glisser dans un langage sec et moralisateur, ce culte a jailli de la protestation spontanée de l'âme, rappelant que la religion est un problème de cœur autant que de tête. L'Eglise a un cœur, et un cœur qui bat. Mais le cœur bat à vide s'il n'est plus alimenté par la pensée. Relier la tête et le cœur, n'est-ce pas permettre à l'homme de vivre ? Le cœur est fait pour animer le cerveau, et c'est le cerveau qui commande au rythme. Sensibilité sans intelligence est mort de la foi, car la foi cherche l'intelligence et a besoin d'elle. Mais intelligence sans cœur n'est plus que cendre. Et c'est de leur jonction que doit naître la Parole. Là est le trésor.

Le trésor de la tradition : les jeunes que je recevais et qui me parlaient de leur projet de « quête spirituelle » n'en ont que faire. Ils sont différents. Ils sont pourtant de la même souche que ce couple tyrolien qui veut pouvoir parler dans son Eglise, ou que ce sage qui voudrait revivifier un cœur au bord de l'infarctus. Dans leur ouverture, une chose fait question :

— Comment se fait-il que vous restiez encore dans l'Eglise ? Pourquoi gardez-vous ce fil à la patte ? Sans elle, vous seriez bien plus libre pour mener vos combats.

La liberté ! Le grand vent ! Ils ne veulent pas vivre enfermés dans une coquille. Quand je réponds : « L'Eglise c'est ma famille, » ils ne comprennent pas. Une famille, on n'est pas marié avec. Il faut bien la quitter un jour pour en fonder une.

Si je leur dis : « L'Eglise est liée au Christ », ils ne comprennent pas non plus. Le Christ, cela leur dit quelque chose, l'Eglise rien. Je me raccroche à l'arbre.

Je me promenais dans la lande, sur une pointe des côtes d'Armor, devant une Manche ce jour-là passablement secouée. Au détour du chemin, dans une cuvette entre les roches, je tombai sur un bosquet de pins. Comment avait-il pu s'accrocher là, sur ce sol ingrat ? Je ne sais. Un jour, le grand vent avait dû apporter quelque graine.

Je m'approchai. Il restait encore marqué par la grande tempête qui, voici quelques années, dévasta la forêt bretonne. Nombre de troncs étaient couchés, pourris, les racines à l'air. D'autres se tenaient encore debout, mais étaient manifestement morts. L'un d'eux, pourtant apparemment fort vieux, avait tenu bon. On sentait que, dès son jeune âge, il avait su s'arc-bouter contre le vent. Son écorce, noueuse, semblait s'écailler, ses cônes étaient desséchés, et il était encombré de branches mortes pointant comme des moignons, auxquelles s'accrochait le lichen. Mais il suffisait de lever les yeux pour s'en convaincre : il était bien vivant. Survivrait-il à une nouvelle tempête ? Je ne sais. Ce qui donnait l'espoir, c'était de voir tout autour de lui de nouvelles pousses, en pleine sève.

Je regardais le sol. C'est important, le sol. Si certains arbres avaient été abattus par le vent, c'est parce que, sur cette lande, les racines n'avaient pu suffisamment plonger et s'étendre. Je m'approchai d'une souche. Les racines, la terre, les pierres arrachées au sol formaient un bloc compact et sec.

Il faudrait nettoyer le terrain pour que le bosquet puisse vraiment renaître, élaguer l'arbre en vie, tant ses basses branches encombrent le terrain. Mais c'est aussi l'abri où jaillissent les jeunes pousses. Il maintient les pierres, empêche la dispersion du terreau. Seul, il serait condamné, car la tempête achèverait vite de disperser le sol. Au milieu des jeunes tiges, il a sa place. Ne l'arrachons pas. Ce qu'il faut, c'est assurer le sol.

Le sol! N'est-ce pas l'être humain? Quand on me parle de l'Eglise, c'est d'abord à lui que je pense, essayant de le rejoindre et de le comprendre pour que la vie jaillisse. Quand on me parle d'organisation, de structure, je ne peux pas ne pas évoquer le terreau sur lequel s'enracine l'arbre. Alors la montée de la sève est possible : mystérieuse alchimie de la terre et du ciel, du soleil et de l'eau. Le trésor à sauvegarder, c'est ce fondement.

L'expérience m'a fait découvrir que ce sol, ce terreau, cette humanité, c'était en premier lieu l'exclu. C'est lui qui fait craquer les rochers de tous les systèmes, dénonce la stérilité de nos suffisances, démasque l'illusion de nos assurances.

C'est d'ailleurs l'expérience de la Bible. C'est d'exclus rejetés aux marges de l'Egypte que jaillit il y a trois mille ans la sève judéo-chrétienne. Par ses origines, par sa naissance, par sa mort, Jésus lui-même fut un exclu.

Aujourd'hui encore, ce sont les exclus qui nous obligent à nous rappeler qu'aucun système ne peut jamais prétendre intégrer totalement l'homme. L'homme passe l'homme. Il passe les systèmes, il passe même les Eglises.

Des hommes crient. Nous sommes tentés

d'étouffer leurs voix, tant elles nous dérangent. Ne sont-elles pas pourtant des appels de l'Esprit travaillant dans l'Histoire? Ils font vivre l'Eglise en l'obligeant à sortir d'elle-même. Si elle cesse de s'insérer dans ce terreau, elle meurt.

Jésus est devenu l'arbre de vie qui se déploie à travers l'humanité. Nous avons vu grandir « le surgeon planté en terre aride », dont parlait le prophète Isaïe, lorsque, à travers les débâcles de son temps, il entrevoyait de loin l'homme nouveau en train de naître. C'est dans l'humanité que l'arbre de vie plonge ses racines et c'est sans jamais la quitter qu'il se dresse dans le grand vent de l'Esprit. Il communique avec le ciel.

A chaque printemps, la sève monte et fait sourdre la vie. Elle sécrète elle-même ses canaux. Ce qui me rassure, dans l'arbre, c'est de savoir que la sève continue de monter. Nul ne la voit, nul ne la soupçonne même. On n'en perçoit que les résultats, les bourgeons de l'hiver, les feuilles du printemps, les nouvelles pousses qui s'élancent. Je me réjouis de voir des chrétiens prendre la parole et des théologiens secouer les vieilles formules. C'est la condition pour que se dilatent les vieux vaisseaux, pour que s'en créent de nouveaux, pour que le cœur se remette à battre : pour que le trésor, enfin, se révèle aux yeux de tous.

Il faut aussi une écorce. Sur la jeune pousse, elle n'est que membrane légère, mais déjà elle protège, canalise, assure la durée. Puis elle épaissit. Chaque année, sous la poussée intérieure de la sève, elle doit se fendre, s'écarter pour faire place au jeune aubier, au cœur de l'arbre. Elle est belle, quand elle prend figure du sage tyrolien. Parfois, elle devient inutile, et elle meurt.

Mais la vie pousse, dans l'arbre comme autour de l'arbre. Car c'est du cœur que vient le trésor.

L'enfant de Noël

Décembre 1995, rue du Dragon : suite à une décision de justice, nous nous apprêtons à quitter les lieux.

On ne peut pas partir comme cela ! On a vécu tant de choses ensemble : tant de luttes, tant de fêtes !

Et c'est bientôt Noël. Il faut faire quelque chose. Comme toujours chez nous, tout se décide au dernier moment. Mais là, c'est clair pour tous, croyants ou non-croyants, chrétiens ou musulmans : « Il faut que tu nous fasses une messe. »

Préparatifs intenses. Le lieu, d'abord. Plus question de la salle des familles. Ce sera trop petit. On prendra donc la grande salle de réunion, au rez-de-chaussée, celle qui donne sur la cour intérieure. On peut y mettre quelque deux cents personnes, et si c'est trop petit, on ouvrira les cloisons qui la séparent de la salle voisine, doublant ainsi l'espace. Si c'est encore trop peu, les gens resteront dehors.

De fait, la radio ayant lancé la nouvelle, il y aura affluence. Nombre de gens sont venus de l'extérieur, et ont éprouvé le besoin de me dire qu'ils avaient depuis longtemps cessé d'aller à la messe.

On a assis les enfants par terre, autour de l'autel, « blancs ou noirs autour de la même table », ainsi que jadis en rêvait Martin Luther. Des fleurs, des bougies : tout est lumière. On reprend avec ferveur les vieux cantiques hérités du passé. Ceux qui ont bercé notre enfance : *Il est né le divin enfant. Les anges dans nos campagnes.*

Et nous entendons une fois de plus la magnifique annonce, pleine d'espérance, du prophète Isaïe, celle qu'il proclamait aux heures sombres du royaume de Juda, voici plus de vingt-cinq siècles : « Le peuple qui marchait dans les ténèbres a vu se lever une grande lumière, et sur ceux qui habitaient le pays de l'ombre et de la mort une lumière a resplendi... Car un enfant nous est né, un fils nous a été donné... »

Puis vient la Bonne Nouvelle des anges aux bergers, celle de la naissance de Jésus : « Allez à Bethléem, vous le reconnaîtrez, il est couché dans une mangeoire. » Et l'évangile de commenter : « Car il n'y avait pas de place pour eux dans la salle de l'auberge. »

L'enfant de Noël, celui qui naît aujourd'hui,

ouvre l'avenir. Il vient habiter parmi nous. En entrant dans notre histoire, il nous invite à naître à nous-mêmes. Noël, c'est une naissance : c'est aussi la nôtre. Jésus naît pour que nous renaissions avec lui. Mais il est plus difficile de renaître que de naître.

Chacun de nous a du prix. Chacun de nous a sa dignité, et personne ne peut le lui ôter. La fête de Noël, c'est la fête de l'Homme. En cette nuit, saurons-nous accueillir l'enfant qui nous est donné ?

Mais il est là, l'enfant. Je le découvre avec surprise à mon côté. Je ne le connais pas : il vient sûrement de l'extérieur. Il était assis avec les autres, et tout d'un coup, il s'est levé, il est venu près de moi, comme pour m'assister. C'est un beau garçon aux cheveux blonds, bouclés, quatre ou cinq ans sans doute.

Pendant l'offrande, il s'accoude carrément à la table. Il regarde les bougies, il regarde les gens, et les gens le regardent. Comme à la crèche, il est devenu le centre. Il nous entraîne.

Il est si bien là ! Je lui laisse la place. Nous avons l'air de concélébrer. Il fixe tous mes gestes. Il me suit dans mes déplacements. Pendant que je porte la paix, il est là, à mon côté. Quand je vais donner la communion, il est toujours là. En voyant les gens tendre la main pour recevoir l'hostie, il la tend aussi. Quand j'ai terminé, je lui prends cette main, et je retourne avec lui à l'autel. En nous voyant, tout le monde sourit.

A la fin de la messe, un homme s'avance vers moi : « C'est mon fils. » Je sens sa fierté. Heureux père !

Trois mois plus tard, après mon départ de la rue du Dragon, je reçus de lui la lettre suivante :

« Lors de la messe que vous avez célébrée rue du Dragon, lors de la veillée de Noël 1995, un petit garçon est venu se mettre à vos côtés. Vous l'avez accueilli. Cet enfant, qui vient d'avoir cinq ans, se nomme Jean. Il ne fréquentera probablement jamais le catéchisme. Il n'est pas non plus baptisé. Je vous contacte parce que le sentiment religieux, être relié, ne lui est sûrement pas étranger. Je pense que mon travail de père est de favoriser son épanouissement dans ce domaine comme dans d'autres. Je considère aussi que Jean ne m'appartient pas. Et qu'il est au monde bien au-delà de ses parents. J'aimerais marquer son appartenance à la communauté humaine et à la vie spirituelle à travers une cérémonie. Je ne suis pas tenté d'aller chercher un autre appel que celui du Christ pour reconnaître religieusement l'incarnation de mon fils.

« Et, par ailleurs, je ne me sens pas le droit et je n'ai pas le désir de l'engager par une promesse d'appartenance à l'Eglise catholique romaine. Est-il possible qu'il ait un baptême chrétien sans allégeance à l'Eglise catholique, ouvert à la communauté universelle des hommes ? Auriez-vous du temps à me consacrer pour que nous puissions parler de cette recherche ? » [...]

« Heureux père qui a un tel enfant ! », m'étais-je dit quand il s'était avancé vers moi en venant chercher son fils. Car ainsi que le dit Péguy :

> *Il y a dans l'enfance une grâce unique,*
> *une entièreté, une premièreté totale,*
> *une origine, un secret, une source, un point d'origine,*
> *un commencement pour ainsi dire absolu.*
> *Les enfants sont des créatures neuves.*
> *Eux aussi, eux surtout, prennent le ciel de force [1].*

Mais voici qu'au reçu de la lettre du père, je me dis aussi « heureux enfant ! ».

Je relis sa lettre :

« Je considère que Jean ne m'appartient pas. Et qu'il est au monde bien au-delà de ses parents. »

---

1. C. Péguy, *Le mystère des Saints Innocents*, NRF, p. 181.

Je ne sais où il a puisé cette conviction profonde. Ses paroles évoquent immédiatement le si beau poème de Khalil Gibran :

Vos enfants ne sont pas vos enfants
Ce sont les fils et les filles de l'appel de la Vie à elle-même
Ils viennent à travers vous, mais non de vous,
Et bien qu'ils soient avec vous, ils ne vous appartiennent
 pas.
Vous pouvez leur donner votre amour, mais non point
 vos pensées,
Car ils ont leurs propres pensées[2].

A-t-il lu ce texte ? Mais c'est une chose que de connaître un texte, de l'admirer, d'en être intellectuellement pénétré ; c'en est une autre de le vivre, quand il faut surmonter la tentation de garder l'enfant pour soi, de se prolonger en lui, de se reproduire en lui.

« Le sentiment religieux, être relié, ne lui est sûrement pas étranger », constate le père.

Et comment donc ! Voici un enfant pleinement relié sans être lié.

Je comprends maintenant l'étonnante spontanéité avec laquelle ce petit Jean pouvait s'avancer vers moi et m'accompagner avec candeur et innocence. La confiance éveille la confiance, l'ouverture suscite l'ouverture. Souvent la foi éveille la foi.

---

2. K. Gibran, *le Prophète*, Casterman, p. 19.

Car non moins étonnantes m'apparaissent les autres réflexions de cet homme. Sans proclamer aucun dogme, il se situe dans la mouvance du Christ, au point d'employer à propos de son fils le mot d'*incarnation*, celui que la théologie chrétienne a créé pour dire comment Dieu se rend présent en la personne de Jésus. Il dit le « sens » des mots souvent devenus vides. La vérité n'est pas plus vraie parce qu'elle est affirmée et répétée ; elle prend corps lorsqu'elle est accueillie et vécue.

Pour son fils, il demande un baptême. Que veut-il dire ? Que soit transmis à son enfant un appel qu'il a lui-même perçu, mais qui vient de beaucoup plus loin que lui ; un souffle venant du grand large, celui que nous appelons « Esprit ». Il attend une ouverture à une dimension qui passe l'homme mais traverse tout l'homme, en faisant éclater ses frontières.

« Je ne me sens pas le droit et je n'ai pas le désir de l'engager par une promesse d'appartenance à l'Église catholique romaine. »

Ici, je devrais protester. Or je ne puis qu'admirer. Je devrais lui crier qu'il a le « devoir » d'engager son enfant ; mais je perçois combien c'est dans la liberté que se trouve l'Esprit : « Tu es toi, et je te reconnais pleinement pour *toi*. Tu es de moi, tu es mon fils, mais tu es autre. Deviens toi-même. » Heureux l'enfant qui s'entend ainsi appeler « fils », sans en être écrasé. Celui-là peut respirer, déployer sa voile, partir au large. N'est-ce pas à travers de telles paroles que nous touchons l'essentiel de la fête de Noël ?

Noël, c'est une naissance, une « merveilleuse » naissance, qui est aussi la nôtre.

Qui vous accueille m'accueille

La révolte s'est étendue de ville en ville comme un feu qui se propage dans la lande ou la forêt, par une sèche journée d'été. Il a suffi d'une étincelle. Quelques sans-papiers ont eu l'audace de se lever et de crier : « Vivre ainsi n'est plus possible. » Dans leur protestation, d'autres se sont reconnus, se sont joints à eux. Ceux qu'on voulait ignorer sont sortis de l'ombre pour se montrer à visage découvert, pour rappeler qu'ils existaient, qu'ils avaient un nom et une dignité. Ils ont fait irruption dans l'actualité. Fini le temps du silence et de la honte. Fini le temps où l'on est obligé de raser les murs et de s'écraser. Ils ont quitté la peur pour retrouver la parole. Certains sont même allés plus loin en entamant des grèves de la faim. Leur détermination est totale : ils n'ont plus rien à perdre.

Dans la torpeur du mois d'août qui écrasait le pays, cela a provoqué un appel d'air. Il s'est transformé en vent violent. L'incendie s'est propagé. Maintenant, c'est le brasier. La révolte des sans-papiers a pris une dimension nationale et politique. Elle n'a pas fini de se faire entendre et d'inquiéter les pouvoirs en place. La situation est devenue suffisamment grave pour que le gouvernement prenne l'affaire au sérieux.

Tout a commencé à Paris, un certain 18 mars 1996, avec « les réfugiés de Saint-Ambroise ». On les a longtemps appelés ainsi, du nom de la première église qu'ils avaient occupée.

Saint-Ambroise ! Pourquoi avoir choisi cette église ? Sûrement, aucun des réfugiés n'a pensé à la signification symbolique du lieu. Mais comment ne l'évoquerais-je pas, tant cela me parle ?

Ambroise est né vers 339, d'une « grande » famille de la société romaine. Sorti des « grandes écoles » il fut nommé très jeune gouverneur de Ligurie et d'Emilie, avec Milan pour résidence. La ville était alors une des capitales des empereurs romains d'Occident. Il est catéchumène, autrement dit il se prépare au baptême chrétien. En 374, un jour où sa fonction le conduit à venir rétablir l'ordre dans une église qu'un groupe hérétique entendait occuper (une espèce de Saint-Nicolas du Chardonnet), le peuple l'élit spontanément pour évêque à la place de celui qui vient de mourir. Très vite, on le baptise, on l'ordonne prêtre, évêque. Et tout de suite, il se dresse en témoin de l'Evangile.

Son opposition à l'Empereur Théodose Ier reste célèbre. A la suite d'une révolte du peuple de Thessalonique, celui-ci fit rassembler la population dans le cirque de la ville, la fit encercler par l'armée, donna l'ordre du massacre : plusieurs milliers de personnes. L'Empereur se voulait chrétien, s'appuyait sur l'Eglise : Ambroise l'obligea à une expiation publique.

Défenseur des pauvres, il n'hésita pas non plus à condamner l'égoïsme des habitants de Rome : lors d'une famine, ceux-ci avaient chassé les étrangers de la ville. Il parla haut et fort : « On ne peut approuver ceux qui interdisent Rome aux étrangers. Expulser en ce temps où il faut aider... refuser des communautés de vie déjà commencées... les bêtes sauvages ne bannissent pas les bêtes sauvages. »

C'est aussi Ambroise qui baptisera un jeune Africain, devenu lui-même haut fonctionnaire à Milan, et appelé à devenir célèbre dans tout l'Occident : Augustin d'Hippone.

Donc, à Saint-Ambroise, ce 18 mars 1996, trois cents Africains sans papiers débarquent sans crier gare, avec barda de campement, sacs de couchage et quelques provisions.

Qui sont ces gens qui viennent ainsi troubler l'ordre?

Pour la plupart, des femmes et des hommes qui vivent en France depuis longtemps. Ils y étaient bienvenus, au temps de l'abondance. Ils y ont trouvé du travail, une place. Ils ont eu des enfants. Mais les temps difficiles sont venus. Et avec eux des lois nouvelles. C'était en 1993-1994. On réforma le code de la nationalité en redéfinissant les conditions d'entrée et de séjour des étrangers. Elles ne tenaient aucun compte de nombre de situations concrètes. Elles en devenaient inhumaines.

Je n'aime guère rappeler mon passé. Mais ici, comment l'éviter? A l'époque, dans un livre, *Coup de gueule contre l'exclusion*[1], j'avais dénoncé les dangers et les ambiguïtés des lois « Pasqua » : ne tenant pas compte des situations réelles, elles allaient vite montrer leur caractère inhumain en jetant des milliers et des milliers d'étrangers dans la clandestinité forcée. Ce cri me valut quelques histoires qui

---

1. J. Gaillot, *Coup de gueule contre l'exclusion*, Ramsay, 1995.

rebondirent jusqu'à Rome et furent la vraie raison de mon éviction de l'évêché d'Evreux, ainsi que je le découvrirais par la suite.

Je retrouve maintenant sur le terrain les cas que je prévoyais : par exemple les parents étrangers d'enfants français : devenus d'un coup irréguliers, ils ne peuvent pas être régularisés, mais ils ne peuvent pas non plus être expulsés. Quelques circulaires ministérielles ont bien tenté de dénouer l'imbroglio. Le ministre de l'Intérieur devra même faire appel au conseil d'Etat. Décidément, les lois Pasqua sont difficilement applicables !

Avec d'autres responsables de l'association « Droits devant ! » je me rends à Saint-Ambroise.

Sur le parvis, je suis violemment pris à partie par des gens qui protestent. « Votre présence est scandaleuse. Vous n'avez rien à faire ici. C'est notre église. Ils n'ont qu'à aller à la mosquée... Où allons-nous célébrer la messe dimanche ? » Je passe mon chemin pour entrer dans l'église...

Près de la porte, un grand écriteau attire mon attention. En gros caractères : L'ÉGLISE EST LE LIEU OÙ LES ÉMIGRÉS EN SITUATION IRRÉGULIÈRE EUX AUSSI SONT RECONNUS ET

ACCUEILLIS COMME DES FRÈRES[2]. Heureuses paroles. Elles sont du pape Jean-Paul II.

Je suis impressionné : le peuple des exclus est là. On le voit parfois défiler dans les rues. Dans nos églises, jamais. Quelle vie soudain ! Des enfants s'amusent au pied de la statue du curé d'Ars. Une maman allaite son fils dans la chapelle de la Sainte Vierge. Deux bambins sont assis sur la marche d'un confessionnal, comme pour en interdire l'entrée. Un homme fait sa prière sur son petit tapis, tourné vers la Mecque. Des groupes échangent avec les délégués des familles... Je prends le temps de saluer chacun. Je m'arrête plus longuement auprès des grévistes de la faim. Une quarantaine d'hommes. Ils savent que leur combat ne fait que commencer. Et puis il y a les femmes. Elles sont belles, marquées par la fatigue, mais dignes dans leurs robes colorées. Leur présence réchauffe le cœur. C'est autour d'elles que la vie pratique s'organise. Elles sont les refuges au milieu du refuge, mères auxquelles tous reviennent, quand on se sent perdu. Aux hommes les discussions, les négociations avec l'extérieur ; à elles la gestion de la famille et la sérénité.

Mais la question des paroissiens me revient en mémoire. La messe, où ? Ici, c'est évident.

---

2. Discours aux migrants.

Pourquoi aller chercher ailleurs? Et je me mets à rêver. C'est dimanche. La foule emplit l'église. Enfin, l'étranger n'est plus cet anonyme qu'on mentionne dans les intentions de prière, il a visage d'hommes, de femmes, d'enfants. Quelle chance! Immense chance! Fini de s'interroger en chantant « Laisserons-nous à notre table un peu de place à l'étranger? Trouvera-t-il quand il viendra un peu de pain et d'amitié? » L'interrogation inquiète devient fière affirmation. Enfin les chrétiens comprennent que si Jésus est leur Seigneur, ils n'en ont pas la propriété : il appartient à l'humanité. Il est pour tous. Je crois presque entendre le chant puissant de l'assemblée, tant il résonne en moi-même : « Tout homme est une histoire sacrée : l'homme est à l'image de Dieu. » C'est vrai, dans cette église, le sacré, c'est l'homme; c'est lui le « temple ». Les lieux ne valent que par la manière dont les hommes et les femmes les habitent.

Alors pourquoi vouloir enlever le Saint Sacrement d'une église où sont les étrangers? N'est-il pas le signe de la présence de Dieu au milieu de son peuple? On le laisse quand l'église est vide, et quand le peuple est là, on l'enlève! Je vois des gens qui s'affairent pour dépouiller même les autels. Ce qu'on ne fait normalement que le vendredi saint!

Si cela n'avait pas suffi pour me ramener de mon rêve à la réalité, quatre militants d'association, « gros bras » chargés de la sécurité, me glissent à l'oreille : « Attention, ne sortez pas seul de l'église. Il peut vous arriver des bricoles. On vous raccompagnera. » Et de fait, chaque jour, anges protecteurs, ils viendront me reconduire ou m'attendre à la station de métro.

« Manipulation ! » ont insinué très vite des autorités civiles et religieuses. Quel mépris pour ces Africains qui manifestent tant de courage et de détermination. Il suffirait de les approcher, de les connaître un tant soit peu pour savoir qu'on ne décide pas à leur place.

22 mars, six heures du matin, coup de téléphone : « Ils sont là. Ils commencent à expulser les familles. »
Terrible nouvelle. Quel mauvais jour. Je me précipite en métro. J'arrive sur la place du drame. Silence impressionnant. Le jour semble avoir du mal à se lever. Alertés, des gens arrivent de partout, mais ne peuvent que contempler le spectacle. La place est bouclée. Entre deux haies de C.R.S., on emmène les familles, hommes, femmes et enfants sous l'œil des caméras. Vision insupportable. Je sens monter en moi la colère et la révolte. Quelle honte

de vivre de tels moments ! Honte pour mon Eglise, honte pour mon pays. Je suis là impuissant, pétrifié, ne pouvant que regarder ce spectacle que je croyais relever d'un autre âge.

On profane l'Eglise quand on expulse l'étranger. A travers les âges, elle fut toujours lieu d'accueil, d'asile. Comment accepter que des C.R.S. pénètrent matraque en main dans un lieu de culte et puissent évacuer des Africains par la force ? On vide l'Eglise de son sang. Elle se laisse prendre la vie. Elle se déshonore.

L'exode des familles africaines allait commencer, un exode en plein Paris. Il fallait sans cesse repartir, trouver un nouveau lieu d'accueil, ne fût-ce que pour une nuit. Dure errance qui conduira finalement le groupe dans un entrepôt vide de la SNCF, lieu sinistre, ouvert à tous vents.

Toutes les tentatives de négociation ont échoué. Le collège des médiateurs, chargé du dossier, s'est senti désavoué et bafoué par le gouvernement : on n'a répondu à leur travail que par le mépris. Les Africains prennent peur. Ils se sentent traqués. Il leur faut à tout prix un lieu plus protégé. En dépit du précédent fâcheux de Saint-Ambroise, ils persévèrent : ce sera une église, la plus proche. Sans rien demander à personne, ils décident : Saint-Bernard.

Avec hâte, ils s'engouffrent dans l'église, ils s'installent. Ils déploient une fois de plus leurs matelas, répartissent l'espace. Le curé surgit, mécontent : « Vous auriez pu me prévenir ! » Mais les délégués africains craignaient de se heurter à un refus des autorités religieuses. Léon Schwarzenberg veut détendre l'atmosphère : « Mon père, c'est un honneur que ce soit votre église qui ait été choisie par ces étrangers. » Le curé nous confie alors : « J'étais en train de préparer mon sermon pour dimanche. Le texte de l'Evangile nous dit justement cette parole de Jésus : " Qui vous accueille m'accueille. " » Je souris et commente : « On ne peut pas trouver mieux. Quel beau sermon ce sera ! »

Face à cette situation inattendue et difficile, le curé se montrera courageux et solidaire. Il est vrai que l'effet désastreux produit par l'expulsion des réfugiés de Saint-Ambroise avait provoqué une salutaire réaction de l'opinion publique, y compris des chrétiens. Les autorités religieuses se montraient plus conciliantes. Désormais, l'activité paroissiale se poursuivra en présence des étrangers et des gens venus de partout. Et, actualité aidant, des chrétiens découvriront les trésors insoupçonnés de la liturgie : l'un d'eux me dira le bouleversement éprouvé un dimanche en entendant proclamer le texte d'Isaïe : « Ma maison s'appellera maison de prière pour tous les peuples » (texte qui sera d'ailleurs celui que Jésus citera en chassant les marchands du temple).

A Saint-Bernard, on s'attend à une intervention imminente des forces de police. Les médias répercutent les menaces qui pèsent sur les familles africaines. Des manifestations de soutien s'organisent un peu partout en France. L'émotion grandit dans le pays. En plein mois d'août, une foule se mobilise et se porte autour de l'église. De nuit comme de jour, elle est là, protégeant l'étranger, comme si elle avait découvert un trésor. Un peuple venu de partout entre en résistance. Si on touche à ces Africains, c'est à eux que l'on touchera.

C'est bien la première fois que je passe une nuit à dormir dans une église, dans la chapelle du Saint Sacrement, toute proche des grévistes de la faim. J'atteste qu'on y dort bien, mais trop peu, comme à Gethsémani ! A cinq heures du matin, branle-bas de combat : « Ils arrivent. » Heure grave ; tout le monde s'agite, tendu, inquiet. Comme prévu, je m'attache avec les menottes à un Africain. Mais c'était une fausse alerte : une simple voiture de police, aperçue dans les parages, a mis le feu aux poudres.

La révolte des sans-papiers est un événement qui fera date. Ce sont les humiliés de la terre qui prennent la parole et s'organisent. Ce sont les exclus qui se mobilisent pour être entendus. En décidant de sortir de l'ombre, ils posent à la société la question de l'intégration, des lois sur l'immigration, et du vivre-ensemble. Le pouvoir a eu tort de traiter avec mépris ceux en qui il ne voulait plus voir que des étrangers, oubliant que leurs ancêtres avaient payé l'impôt du sang en venant défendre notre sol. Un pays qui durcit à ce point ses lois sur l'immigration va dans une mauvaise direction. Un pays qui veut se protéger à l'excès enferme et nous enferme tous. La politique rigide de clôture des frontières nous condamne à mourir. Grâce à un mouvement d'opinion qui s'est formé, telle une vague puissante, le pouvoir en place accepte enfin de dialoguer. Les sans-papiers sont reçus et entendus.

Enfin, des hommes se parlent. Tout dialogue engagé est déjà une victoire. Pour tous.

Mais non, hélas! A la mi-août, les hommes du pouvoir préfèrent envoyer 1 500 C.R.S. C'est la bonne vieille méthode. Plus efficace. Plus sûre. La force est payante.

Les C.R.S. donnent l'assaut à l'église des sans-papiers. Les coups de matraques pleuvent. A coups de bélier et de hache, les portes de l'église céderont. Gaz lacrymogènes, malgré la présence des enfants et des grévistes de la faim. Tout le monde est embarqué. Cette rafle en rappelle d'autres. C'est la honte!

Pierre et son ami

A mon courrier de ce jour-là, parmi les appels qui me parviennent, j'en trouve un qui me frappe tout particulièrement, tant il transpire l'angoisse. Celui qui m'écrit se présente comme un homme « de couleur », venant des îles. Il est atteint du sida. La maladie en est à un stade avancé. Il voudrait me voir.

Chaque fois que je le peux, j'essaye de répondre, conscient que toute détresse est unique. Et cette fois-ci, la détresse me semble immense... Le sida : cela suffirait déjà amplement! Mais je perçois qu'il doit y avoir autre chose, plus grave aux yeux de mon correspondant.

Ce soir là, je sonne donc à la porte d'un petit appartement. Un jeune homme m'ouvre. Il m'introduit. Mon hôte est là. La trentaine. Il me semble dans un état normal, simplement l'air fatigué et anémié. Je le perçois embarrassé. Il fait venir l'apéritif et commence tout de suite par prendre de mes nouvelles, m'interroger sur ma vie, mes combats, l'action que je mène. A croire que je suis venu pour une interview. Mais, c'est clair, tout cela n'est que fuite, moyen de reculer. Pour ma part, je m'efforce simplement de créer la relation directe qui permettra de faire sauter ce mur d'angoisse que je sens si épais. Et quoi de mieux que la table pour créer le lien. Son ami s'empresse, mais toujours avec réserve, comme restant en arrière.

Enfin, la parole libératrice :

— Voilà. Je suis homosexuel.

Il n'avait pas besoin de me le dire, tant la chose était évidente dès le départ, dès sa lettre déjà, mais sans équivoque possible depuis que j'ai franchi le seuil. Mais si pourtant! C'était bien là le problème. Il fallait qu'il puisse le dire.

Et maintenant, il parle, il parle.

Il me raconte son enfance, dans une famille nombreuse, aisée. Et puis cette prise de conscience soudaine, à l'adolescence : son homosexualité. Après la fièvre des premiers émois, des premières expériences, elle apparaît comme la catastrophe par excellence. Mais comment en parler, à qui?

— Je ne l'ai dit à personne, ni à mes frères et sœurs, ni à ma mère que j'adore. Mon père était déjà mort. Pendant longtemps, je ne voulais rien savoir. C'est fou ce que j'ai souffert. Je me rejetais moi-même. Je me sentais à part, anormal, coupable. En un mot j'avais peur, et cette peur me paralysait.

Se jeter dans les bras de sa mère ? Surtout pas. Ce serait souiller son idole. Il n'est plus qu'un fils indigne. Il ne faut jamais qu'elle sache. Et désormais tout devient double vie, même aux moments les plus anodins, même aux heures de fête. Avec tout le monde, il rit, mais intérieurement, il pleure, en attendant avec effroi de retrouver les heures fiévreuses où il sait qu'il ne sera plus lui-même. C'est cela l'horreur : le mur qui le coupe de tous, sauf de ses compagnons de vie. Mais à ceux-là non plus, il ne peut pas dire combien il crève d'angoisse, dans le plaisir même. Murs partout. Il est enfermé, sans issue possible. Au pays, on se connaît trop.

Il a fui. Il est venu à Paris. Le prétexte était facile : l'avenir ouvert. Sa mère ne l'a pas laissé partir sans inquiétude : en métropole, il serait si seul, exilé. Mais pouvait-elle soupçonner l'immense solitude qui était déjà celle de son fils, son exil intérieur, son désespoir dans le désert où il se sent relégué ? Il l'a rassurée. Il continue à le faire, chaque fois qu'il lui écrit. Mais ce n'est plus tenable. Bientôt il va mourir. De toute façon, elle saura.

Maintenant il vit avec son ami. C'est lui qui

le soigne, le sauve du désespoir total. Ils s'aiment.

Comme libéré lui-même par cette reconnaissance de son rôle, son compagnon intervient :

— Tu oublies de dire que l'Eglise n'a rien arrangé, pas plus pour toi que pour moi. Moi, j'ai été carrément éjecté par l'Eglise quand on a découvert que j'étais homo. Avec Pierre, on n'a plus fréquenté la paroisse. Elle nous a laissés de côté. Un couple rejeté, c'est grave.

— C'est vrai. Dans mon pays, ma famille est catholique, pratiquante, traditionnelle. Le discours sur le préservatif n'a rien arrangé. Je me suis senti coupable. Le tort de l'Eglise, c'est de condamner. Je ne sais pas ce que vous en pensez ?

Finie l'atmosphère d'interview de tout à l'heure, même si je redis ce que j'ai déjà souvent dit publiquement :

— Le rôle de l'Eglise n'est pas de condamner, mais de nous apprendre à aimer. Et de s'engager pour la défense de la vie. Pas simplement de la vie naissante, mais de la vie qui existe déjà. Celui qui se sait contaminé et n'utilise pas le préservatif risque de donner la mort.

Son compagnon rebondit :

— L'Eglise devrait éduquer les gens à aimer. A avoir des relations stables, équilibrées.

— C'est tout seul que j'ai dû apprendre à me battre pour vivre. Mais je voulais trouver quelqu'un. Il le fallait. J'avais besoin d'aimer et d'être aimé. J'ai eu la chance de rencontrer mon ami.

Il ne mangeait plus. Il n'avait plus faim. Mais on sentait qu'il était libéré d'avoir partagé ce qu'il avait vécu.

— La vie prend maintenant une densité incroyable, parce que demain je ne serai plus là. Je sais que je n'en ai plus pour longtemps.

Quelle leçon de vie ! Je le regarde, pensif, admiratif. Ses défenses immunitaires sont tombées, le livrant à la mort. Mais lui fait crever la loi du silence, cette défense immunitaire de toute société fermée sur elle-même. Cette défense-là n'est que peur. Elle isole le malade. Elle tue la communication. Elle empêche la venue de tout salut possible. Elle bloque toute maturation possible du besoin fondamental d'aimer. Elle tue l'âme en quête de sens. Mais voici que le mur tombe. En se déclarant aujourd'hui tels qu'ils sont devant moi, ces deux hommes se libèrent, rentrent dans la communauté humaine. Ils font même craquer mes propres défenses immunitaires cléricales, tous ces jugements qui tombent de haut, toutes ces explications qui n'expliquent rien, tous ces discours qui ne font qu'écraser.

— En t'écoutant, j'apprends à être vrai. Ton

expérience oblige à être authentique. Aujourd'hui tu ne fuis aucune question de ta vie. Tu as découvert que l'essentiel est d'aimer et d'être aimé.

— Si je vous ai invité ce soir à partager ce repas avec nous, c'est pour que vous soyez là, à mes côtés, quand je serai dans la souffrance et l'épreuve. J'aurai besoin de vous pour me réconcilier avec Dieu. La religion, c'est important pour moi.

Non, Pierre n'avait plus peur de la mort. Il la regardait sans illusion, tranquillement, tant il vivait maintenant intensément. Et d'avoir pu livrer son secret, d'avoir enfin brisé le mur du silence, il devenait lui-même.

Pierre est reparti dans son île lointaine prendre congé de son pays, de sa famille, de sa mère surtout. C'était un besoin profond de pouvoir lui parler. Pour lui, l'essentiel se jouait là. Puis il est revenu à Paris pour y mourir. La paralysie avait gagné peu à peu tout son corps. Il me fit appeler à l'hôpital. On me laissa seul avec lui. Il ne pouvait plus parler ni bouger. Ses yeux restaient fermés. Nous communiquions par pression de la main. Je le sentais heureux d'entendre les paroles de pardon.

Les infirmières nous entouraient. Elles avaient tenu à être là pour le sacrement de l'onction des malades. Elles l'aimaient, le soignaient merveilleusement. L'une d'elles pleurait tandis que je traçais sur les membres décharnés de Pierre l'onction sainte.

Il rouvrit les yeux, me serra la main avec une esquisse de sourire heureux. Il avait brisé la membrane protectrice. Réconcilié, il s'était trouvé lui-même.

Dans notre société, quel est le virus le plus destructeur ?

L'arbre à palabre

Le jour commençait bien. Sous le signe de l'humour. Dans le métro, mon regard se porta sur une inscription inattendue :

> *« Le voleur m'a tout pris,*
> *sauf la lune*
> *qui était à ma fenêtre. »*

Ces mots m'enchantèrent.

Quand on nous a tout pris, il reste encore l'essentiel. L'essentiel qu'on apprécie enfin, et qui ne s'achète pas. Ainsi de notre dignité. Personne ne peut nous la prendre. Elle fait partie de nous. Elle n'est jamais à vendre.

Il est vrai que, pour le moment, ma dignité était un peu mise à mal. Le métro était bourré de monde, et sur cette ligne ancienne, assez tortueuse, j'étais sous la menace constante d'une déstabilisation. Heureusement, j'étais près du poteau central, je pouvais m'y accrocher solidement et rester debout, même dans ma boîte à sardines. Je me sentais en sécurité.

J'étais parti vite, car j'étais en retard. Et, dans ma précipitation, j'étais resté en veston, sans penser à la pluie. Mais maintenant, en sortant du métro, je dois tristement constater qu'il pleut des cordes. Fini de me redresser contre mon poteau : je me recroqueville sous un porche en attendant que les cieux se montrent plus cléments à mon égard.

Un homme s'approche de moi, souriant :

— Voulez-vous mon imperméable ?

Son imperméable ? Mais non, ce n'est pas possible ! Si je l'ai, il ne l'a plus. On ne peut pourtant pas le couper en deux. On dit que saint Martin le fit en faveur d'un mendiant, il y a quinze cents ans, aux portes d'Amiens. Mais un imperméable ! C'est une carapace, un imperméable. On n'entre pas à deux dans une carapace. A quand des objets qui réunissent ?

— Je suis très touché de votre geste, mais vous en avez autant besoin que moi.

Nous échangeons quelques paroles. J'apprends qu'il est juif. Il poursuit son chemin.

Je me sens soudain un peu malheureux. Maudits objets que nous fabriquons pour nos petites individualités et qui nous retombent ensuite dessus, nous imposant leurs lois. Un simple imperméable, et cela tue l'échange.

Mais je n'ai guère le temps de ruminer. Une femme vient vers moi, avec un beau sourire :

— Monseigneur, venez sous mon parapluie. Je vous conduirai où vous me direz.

Cette fois-ci, plus de refus possible. Un parapluie, ça se partage. C'est un peu une tente. « Elargis l'espace de ta tente, déploie sans lésiner les toiles qui t'abritent, allonge tes cordages, renforce tes piquets... », disait jadis un prophète de la Bible, s'adressant à la ville sainte qui abritera toutes les nations.

Et me voici au bras de cette femme qui tend le parapluie au-dessus de nous. Je peux redresser la tête. J'ai retrouvé ma dignité. Bien que... si on me voyait... un évêque... au bras d'une femme...

— Vous savez, celle qui porte ce parapluie, c'est une musulmane.

« Voilà une promenade bien œcuménique, me disais-je en moi-même. Nous nous trouvons vraiment sous la tente de l'ancêtre commun, Abraham. »

Comme j'ai bien fait de ne pas prendre mon parapluie !

Quand on est en manque, on a besoin des autres. Quand on est démuni, on accepte d'être aidé. Il m'est souvent arrivé de n'avoir besoin de rien. Je courais alors le risque de n'avoir besoin de personne... donc d'être pris dans l'engrenage qui enferme et à la longue déshumanise. Dans une société où l'on a tout ce qu'il faut, on crève de solitude.

A Montreuil, je retrouve Albert Jacquart. Nous devons nous rendre ensemble au « Foyer Nouvelle France ». Totalement vétuste, la « Nouvelle France » ! C'est un foyer d'Africains situé au milieu d'un terrain vague à la sortie de la ville. Pour ceux qui y arrivèrent, il y a quinze ans, il était peut-être le symbole d'un avenir radieux. Mais la bâtisse n'était que « provisoire ». Maintenant, elle est condamnée : on doit la raser. C'est pourquoi nous sommes là, sur l'invitation du responsable du foyer.

Il vaudrait mieux dire du chef de village. Car les trois cents Africains qui vivent là ont peu à peu remodelé les lieux à leur façon. Ils ont reconstitué le village africain. Ils ont réussi le tour de force de créer un véritable lieu de vie.

Après nous avoir dignement accueillis, un homme vénérable, vêtu d'une magnifique robe de couleur, une chéchia sur la tête, s'offre à nous le faire visiter. C'est l'ancien, le doyen du groupe. Il nous présente tour à tour le coin cuisine, le coin rencontre, le coin dortoir. Tout est extraordinairement propre.

Stupéfait, je découvre surtout la vie sociale du village africain. Ceux qui travaillent mettent l'argent en commun. Les vieux, les malades ont leur place. Bien plus, on a créé une caisse solidarité : on envoie une bonne partie des revenus au pays, pour le développement des autres villages, là-bas. Aide au tiers monde, en somme.

Mais ce qui nous frappe le plus, c'est, au milieu des baraquements, au centre de la place, l'arbre de la palabre. Autour, des bancs. On sent d'emblée que c'est là que s'affirme l'âme du village ; c'est là qu'on se réunit ; c'est là que se prennent les décisions dont chacun se sentira responsable ; c'est là qu'on célèbre les fêtes. Et, comme pour empêcher la retombée du groupe dans l'inertie, celle où chacun n'est plus qu'un numéro, il y a l'arbre. Tout naturellement, il conduit à lever les yeux.

Assis sous l'arbre à palabre, nous écoutons parler le vieux sage. Mais ses paroles sont tristes :

— On veut détruire le foyer, nous reloger ailleurs, par petits groupes. Or nous voulons rester ensemble, avec des lieux de réunion. Nous ne voulons pas être éparpillés aux quatre coins de la région parisienne. Nous acceptons de partir d'ici, car c'est vrai que c'est délabré. Mais nous voulons rester ensemble. Notre force, c'est d'être ensemble.

« On est venu nous voir, de la mairie, de la

préfecture, nous expliquer que c'était pour notre bien. Mais nous ne sommes pas écoutés. Et maintenant, ils disent partout qu'il y a eu concertation, dialogue...

C'est entendu : nous rendrons visite au préfet pour tenter de renouer, ou de nouer le lien, d'engager la palabre.

Quelques jours plus tard, le préfet nous reçoit dans son bureau. « De quoi loger quatre-vingts Africains », me suis-je dit spontanément en entrant dans cette immense salle. Mais ce n'est qu'une salle, pas une tente dont on pourrait étirer les cordeaux. Pas non plus d'arbre auquel se raccrocher. Pas de palabre non plus, bien entendu.

Ici les propos sont tranchés. Non, il ne peut accepter de revenir sur sa décision de détruire ce lieu insalubre.

Mais, désireux de « poursuivre le dialogue », il accepte notre proposition de visiter les sept sites de relogement. Il nous fera accompagner par un des responsables de l'affaire. Il s'agit manifestement d'un personnage hautement qualifié. Il parle, parle, parle. Il nous explique la façon dont on a pris les décisions.

— Nous avons même tenu à consulter des ethnologues...

... Mais pas les gens du village ! Les ethnologues ne l'ont apparemment pas fait non plus d'ailleurs.

Visite des lieux : des petits hôtels meublés, bien retapés. Au bout du troisième, nous avons tout compris : des boîtes, des petites boîtes. Quel est donc ce chanteur qui, il y a quelques décennies, avait créé ce chant féroce dont me reviennent quelques bribes en tête : *Des p'tit' boîtes, des p'tit' boîtes, chacun sa p'tit' boîte ?*

Les Africains veulent un lieu de vie. On leur assigne un lieu d'hébergement. Ils iront chercher leur repas à la cuisine, le mangeront assis sur leur lit, deux ou trois par chambre. Pourquoi refusent-ils ? Il faut savoir ce qu'on veut, la nouvelle « Nouvelle France » qu'on leur offre, ou le village africain ? « Evidemment, c'est un peu cher », admet au passage notre guide. Très cher, même ! Ils ne pourront plus envoyer d'argent au pays. En somme, on leur fait un cadeau, mais à condition qu'ils se dispersent. Ici, les murs sont propres ; c'est de la construction durable ; ce n'est plus du provisoire.

Vrai ! Mais on ne respecte pas ce qu'ils sont. On veut les assimiler. On les enferme dans le pire de nous-mêmes, l'individualisme, l'anonymat. Ce n'est pas cela, l'intégration ! On déracine des hommes, on abat l'arbre. Quel gâchis culturel ! Quel gâchis humain et financier !

Un matin, les C.R.S. sont venus. On a expulsé les familles. Les bulldozers sont entrés en action. On a rasé les baraquements, et avec eux l'arbre à palabre. Le lieu de vie est mort.

Mais le groupe a refusé les p'tit' boîtes. Il erre, de place en place, dans le « provisoire ». De quoi sera fait demain ?

Pendant des journées, mon souvenir du spectacle de la destruction du village me poursuit : quinze ans de vie balayés en un instant. Et je me surprends à fredonner : *Des p'tit' boîtes.*

C'est encore ce que je fredonne en allant rendre visite à une personne âgée et malade, dans un service de gériatrie. Tassée dans son fauteuil, elle me confie ce que d'autres m'ont déjà dit : « Je voudrais mourir. Je n'ai plus rien à faire sur cette terre. Chaque jour je demande à Dieu de venir me prendre. »

L'espérance de vie a grandi. Mais a-t-on appris à gérer sainement ce supplément d'années ? On réussit à ajouter des années à la vie, mais on n'ajoute pas pour autant la vie aux années. On allonge la vie, mais on retire du sens à cette dernière étape de l'existence. L'espérance de vie s'est faite au détriment du sens.

Les personnes âgées posent à la société la question du sens de la vie et de la mort.

Des vieillards en perte d'autonomie se retrouvent un beau jour en institution d'hébergement. Et là, il ne se passe plus rien pour eux. Il n'y a plus rien à espérer.

Ils ne peuvent plus faire entendre leur voix. Ils ne peuvent plus se révolter, et encore moins aller manifester dans la rue !

Mais pourquoi d'ailleurs se plaindraient-ils ? Ils sont nourris, logés, lavés. J'apprécie énormément le personnel de la maison où je vais.

Mais à quoi servent les années gagnées sur la vieillesse si l'on ne peut avoir accès aux soins qui permettraient de prévenir la perte d'autonomie ? Or, ceux que nous donnons ne font que ratifier le mal, le renforcer, même. Faute de décisions financières, on ne peut éviter dépendance et désespoir. On réduit les soins à l'entretien des personnes âgées. Une fois de plus, les objets que nous fabriquons, croyant ainsi résoudre nos problèmes, nous retombent dessus comme des malédictions. Des p'tit' boîtes, des p'tit' boîtes, chacun sa p'tit' boîte.

Pas d'arbre à palabre qui permettrait d'exister. Même plus d'errance possible, sinon sur un fauteuil roulant.

Les personnes âgées sont un test pour notre société. L'avenir sera à l'image du sort que nous leur réservons. Si elles ont la possibilité de vivre, d'aimer, d'échanger, nous allons vers une société à visage humain.

Si on les met à part, en les faisant entrer dans le monde de l'exclusion, dans une sorte d'apartheid, nous allons vers une société inhumaine.

Notre société fabrique l'exclusion des jeunes sur le plan social, et l'exclusion des vieux sur le plan de la santé.

Quand elle reconnaît leur pleine identité d'êtres humains, leur assurant une place dans la palabre de la vie, elle affirme que se continue la grande ronde des générations. Jeunes et vieux peuvent se rencontrer. Dans son fauteuil, la femme que j'étais venu rencontrer était heureuse de parler. Sa vie était chargée d'expérience, son regard usé portait de la lumière. « Dans ma solitude, j'ai découvert que Dieu reste, quand tout vient à manquer. »

Sur la route du retour, dans la nuit, la lune était là, mystérieuse et belle. Le voleur n'avait pu la prendre. Elle restait là quand tout venait à manquer. Comme Dieu.

La mère naît de l'enfant

Pourquoi tenait-elle tant à venir me voir, Marylène ? Elle vient pourtant de loin. D'une ville plus connue par son fleuve que par son nom. Il est vrai aussi que, ces derniers temps, cette petite cité bien tranquille a défrayé la chronique, au moins régionale. Poussées de violence raciste ! Les journaux nationaux n'en ont guère parlé. Il est vrai que, pendant ce temps-là, c'était la manifestation du Front National qui faisait les manchettes : Un Marocain jeté à la Seine !

Justement ! Le « fiancé » de Marylène, lui aussi maghrébin, vient d'être assassiné. Sans raison. Un groupe de Français éméchés.

Elle est perdue. Elle a dix-neuf ans. Chez elle, elle étouffait. Elle voulait vivre. Elle a rencontré Ahmed. Lui aussi était perdu, seul. Il vivait sous un pont. Ils se sont mis ensemble. L'amour fou ! On oublie tout quand on peut se serrer contre un être aimé. Des mois de bonheur, puis le drame. Ahmed n'est plus là. Ne restent que les pauvres affaires qu'elle est allée recueillir près du fleuve, dans un bosquet où il les cachait, dans la journée : un sac de couchage, quelques effets. Le souvenir, merveilleux. Et l'enfant à venir...

— J'en suis à la quatrième semaine.

L'annonce qui devrait être pleine de joie est lourde de désespoir.

Comment une telle détresse est-elle possible ? Par contraste, sans doute, je songe à une autre *Annonciation*. Comme en un éclair, passe dans mon souvenir le tableau de Fra Angelico que j'ai contemplé à Florence et souvent retrouvé dans des livres d'art. Assise sur un petit tabouret, Marie est légèrement penchée vers l'avant, les mains croisées sur sa poitrine. Son buste émerge, comme une tache de lumière, du manteau sombre qui lui ceint les reins. Toute recueillie en elle-même, elle regarde, étonnée, le messager qui lui apporte la nouvelle. L'ange a encore les ailes déployées. On a l'impression qu'il ne fait que passer, prêt à repartir annoncer la réponse qu'il pressent déjà. Il s'incline avec respect, certain qu'elle dira oui, un sourire d'admiration sur les lèvres devant ce visage qui rayonne d'une paix profonde. La courbe que forment les deux corps, la façon dont ils s'insèrent dans le cadre architectural, en arrière-plan le jardin clos, plein de fleurs, et, par-delà la barrière, les arbres qui montent vers le ciel : tout suggère à la fois l'intériorité et l'ouverture. C'est du plus profond d'elle-même que Marie accueille la nouvelle. L'enfant, l'inattendu, l'avenir !

— Je ne peux pas le garder. Mes parents veulent que j'avorte. Ce soir, je dois aller à la clinique.

Je sursaute.

— Comment ? Après avoir tué le père, on tue l'enfant ? On a fait mourir Ahmed, on va faire mourir son fils !

— Oui... Oui.

Marylène semblait s'être résignée à cette perspective, persuadée qu'il n'était plus possible de faire autrement.

— Ahmed, que tu aimes tant, ne te dirait-il pas de garder son enfant qui est aussi le tien, de toi qu'il aimait ? C'est lui qui portera la mémoire de son père. Il sera toujours l'enfant de celui que tu aimes.

— Mais je ne suis pas capable de garder un enfant. Je suis étudiante. Mes parents me le disent : Tu n'es pas mûre, tu n'es qu'une enfant.

— Une enfant ? Mais, si tu sais l'accueillir, ton enfant te grandira, te mûrira.

Je repense à Fra Angelico, encore : dans le

tableau du *Couronnement de la Vierge,* c'est le fils qui couronne la mère. Jésus affirme la splendeur de celle qui l'a accueilli dans la foi. Et dans l'iconographie orientale, sur les mosaïques figurant la mort de Marie, c'est lui qui porte l'âme de celle qui l'a porté. La mère fait vivre l'enfant, l'enfant fait vivre la mère. Mais quelle confiance, quelle foi ne faut-il pas, pour voir ainsi ces choses qui relèvent de l'ordre du mystère !

— C'est à toi de décider, à personne d'autre. Prends le temps de réfléchir.

Le soir, j'ai reçu un coup de téléphone. Rentrée chez elle, elle ne s'est pas rendue à la clinique.

Mais ce sont maintenant les parents qui m'appellent. La mère, d'abord, puis le père de son côté. Ils sont divorcés. Je leur donne rendez-vous ensemble.

Pour un coup, ils sont bien d'accord :

— Monseigneur...

Le mot est tombé. Je devrais pourtant y être habitué. Mais, dans le cadre où je vis, je ressens cette appellation comme une manière de me mettre à distance. Respect, certes, mais un respect qui remet chacun à sa place. Apparemment plein d'humilité, le rappel de ce titre me l'affirme clairement : Mêlez-vous de vos affaires, ne vous mêlez pas des nôtres.

— Monseigneur (donc), il faut absolument que notre fille se fasse avorter. C'est une enfant. Elle n'est pas mûre. Elle n'est pas capable. Et elle est encore étudiante...

J'écoute se dévider la logique de la raison. Bien sûr qu'ils ont raison. Ils ont la raison de leur vie, de leur époque, de l'opinion publique, celle de tout le monde, celle des « on ». Ils en ont à revendre, de la raison, et, à leur fille, ils la refilent même gratuitement, certains que ça leur fera des économies. Dans notre société, l'enfant est une charge, pas un investissement, pas l'avenir. Ils ont l'expérience. Ils sont adultes, eux, leur divorce le prouve. Ils savent pour elle. *On* sait toujours pour l'autre.

— De toute façon, c'est à elle de décider.

Reprise de leur refrain, du refrain de tout le monde.

Bien sûr, Marylène est jeune. Bien sûr, elle pourra se refaire une vie ; bien sûr, elle oubliera. Bien sûr ! Bien sûr ! Assurance avant tout, sécurité ! Bien sûr, je comprends. Je comprends le drame, l'impasse. Je ne puis que comprendre. Je ne veux pas juger. Je ne puis que souffrir devant ce monde de mort. « La vraie vie est absente, nous ne sommes pas au monde », disait Rimbaud.

— Vous savez, nous ne sommes pas racistes, mais...

Tiens ! Leur refrain a un peu changé ! Si peu ! Bien sûr, on n'est pas raciste. Personne n'est raciste. A condition que chacun reste chez soi. Qu'on ne se mélange pas. Surtout par amour ! Où va-t-on si l'on fait ainsi sauter toutes les barrières ?

— Nous connaissons bien notre fille...

Pourquoi ne sont-ils pas allés jusqu'à dire « comme si nous l'avions faite » ? Un objet qu'on a manipulé et remanipulé, on le connaît, sous toutes ses facettes, évidemment. Comment admettre encore qu'il a des sentiments, une âme ? Je comprends que Marylène se soit enfuie de chez elle. Dans son cas, la révolte, c'est le salut.

— En tout cas, ce n'est pas possible. Il faut absolument... On ne peut pas élever cet enfant.

Mot final. Il dispense de choisir. Il tue la liberté.

Marylène s'est finalement fait avorter.

Quinze jours après, elle est revenue me voir. Son visage n'était plus le même. C'était celui d'une femme marquée par l'épreuve. Elle me confia ce qu'elle gardait comme un secret :

— Vous savez... se faire avorter, c'est la pire chose qui puisse arriver à une femme.

Marylène comprenait. Tant qu'on n'a pas souffert, il est difficile de comprendre. Un silence s'établit entre nous.

— Maintenant, il me faut tourner la page.

— La vie est forte. Elle renaîtra. Tu aimeras plus fort encore. Tu auras d'autres enfants, et cette fois, tu sauras les accueillir. Aie confiance.

Elle a trouvé un petit travail dans un resto du cœur. Elle voulait rendre service. Je lui ai rendu visite. Elle était très douce avec les paumés. Elle les accueillait, les guidait vers leur table. On l'aimait bien. Elle a repris vie, peu à peu. Je la regardais servir. Elle me faisait un petit sourire de connivence.

Puis un jour, elle est partie comme un oiseau qui prend son envol. On ne sait pas où va l'oiseau. Ainsi de Marylène. A travers l'abîme de son expérience, peut-être est-elle enfin née à elle-même.

TABLE

www.ingramcontent.com/pod-product-compliance
Lightning Source LLC
LaVergne TN
LVHW051235060726